센서티브

HIGHLY SENSITIVE PEOPLE IN AN INSENSITIVE WORLD by Ilse Sand

Originally published in Denmark by Forlaget Ammentorp
1st edition 2010
2nd revised edition 2014
Translated in English by Elisabeth Svanholmer

Copyright © Ilse Sand 2010, 2014
Korean Translation Copyright © Dasan Books Co., Ltd. 2017

This Korean edition published by arrangement with Ilse Sand
through Shinwon Agency, Seoul

남들보다 민감한 사람을 위한 섬세한 심리학

센서티브

일자 샌드 지음 | 김유미 옮김

다산
초당

나를 찾아오는 많은 환자 중에 이런 고민을 털어놓은 경우가 꽤 있다. "친구가 한 말이 대체 무슨 의미였을까요?", "발표할 때 말을 많이 더듬었는데 저에 대한 평가가 많이 안 좋을까요?", "시계 초침 소리 때문에 잠을 못 잔지 일주일째예요." 이들은 남이 한 말의 의미를 며칠 동안 곱씹어 생각하고 남의 평가에 민감하며 작은 소리에도 잠을 이루지 못한다. 남들보다 예리하고 날카로운 신경 시스템을 타고난 것이다. 이렇게 민감한 감각을 타고난 사람들을 진료하다 보면 이들 중에는 스스로 이런 민감한 감각을 단점이라고 생각하는 사람이 많다. 그래서 이런 민감성을 고쳐야 하거나 숨겨야 하는 무엇으로 생각하곤 하는데, 거기서부터 진짜 문제가 발생한다.

이 책 『센서티브』는 친구들과의 저녁 약속을 오랫동안 즐기지 못하는 사람, 하나의 결정을 내리기까지 남들보다 오랜 시간이 걸리는 사람, 부탁을 쉽게 거절하지 못하는 사람 등 민감한 사람들이 흔히 겪게 되는 문제를 그들의 입장에서 짚어주며 최선의 방향을 제안한다. 예민한 신경 시스템을 잘 관리해서 섬세하고 신중한 장점으로 드러날 수 있게끔 돕는다. 그런 점에서 이 책은 당신의 민감함이 우울과 불안으로 이어지지 않도록 하는 중요한 터닝포인트가 될 것이다. 책의 저자가 말했듯 민감함은 신이 주신 최고의 감각이다. 이 책을 통해 많은 사람이 그 사실을 마침내 깨달을 수 있기를 바란다.

- 전홍진
성균관의대 삼성서울병원 정신건강의학과 교수, 부학장
『매우 예민한 사람들을 위한 책』 저자

이 책은 남들보다 민감하고 예민한 사람들을 위한 책이다. 또 남들보다 민감한 사람들과 함께 생활하거나 일하거나 그들을 돌보는 가족, 친구, 상사, 심리치료사들을 위한 책이기도 하다.

나는 목사로서, 그리고 심리치료사로서 많은 사람과 대화를 나누면서 남들보다 민감한 사람들이 자신의 성향에 대해 이해하고 파악하는 것이 얼마나 큰 도움이 되는지 수차례 확인했다. 그들은 내 강의나 상담 치료 과정을 통해 다른 민감한 사람들의 이야기를 듣고, 경험과 지식을 나누면서 큰 위안과 용기를 얻었다.

이 책에는 내담자들과 수강생들이 남들보다 민감한 성향의 소유자로 살면서 경험한 생생한 증언이 실려 있다. 자신의 생각과 경험을 소개한 사람들은 모두 남들보다 민감하고 예민한 성격을 가진 사람들이다. 이 책을 읽는 독자들 중에는 그들의 고백 속에서 자신의 모습을 발견하는 사람도 있을 것이다.

나는 많은 사람이 자신의 민감함을 받아들일 때 진정한 자기 자신의 모습으로 살아갈 자신감과 용기를 얻는 걸 목격했다. 이 책을 통해 남들보다 민감한 성격 때문에 힘겹게 살아가는 사람들이 용기를 얻는 게 나의 소망이다.

1장에서는 남들보다 민감한 사람들의 특성에 대해 살펴보았다. 인간은 모두 제각기 다른 성격을 가지고 있고, 민감한 사람들 역시 각각 다른 특성을 가지고 있다. 독자들은 이 책의 어떤 부분은 자신의 모습과 일치하지만, 어떤 부분은 낯설다고 느낄 것이다. 그러나 모든 부분이 자신의 특성과 일치하지 않아도 전체적인 가이드라인을 살펴보고 따라가면 도움이 될 것이다.

각 장을 반드시 순서대로 읽을 필요는 없다. 너무 이론적이거나 기초적이라고 생각되는 장은 건너뛰어도 된다. 책의 마지막에는 최근에 덴마크에서 개발된 설문지가 실려 있다. 이 설문지는 당신의 민감성을 테스트하는 데 도움이 될 것이다. 더불어 예민한 사람들이 더 큰 즐거움과 행복감을 느낄 수 있는 활동 목록도 실려 있다. 이 목록이 민감한 사람들이 좌절감에 빠졌을 때 자기 자신을 위로하고, 새로운 영감을 얻고, 도전할 수 있도록 도와줄 것이다.

일자 샌드

남들보다 예민하고 민감한 성향은 많은 가능성과 한
계를 동시에 내포한다. 나는 오랫동안 그 한계를 누구보
다 절실히 느껴왔다. 어떤 상황에서 나는 다른 사람들만
큼 인내할 수 없었다.

남들보다 민감한 성격에 대해 배우기 전까지 나는
스스로 내향적인 사람이라고 생각했다. 평생교육 기관 등
에서 심리치료 훈련을 할 때, 내가 참가자들에게 미리 양
해를 구하는 게 한 가지 있다. 나는 참가자들에게 훈련 도
중에 혼자 내면에 집중하고 휴식을 취할 시간이 필요하
다고 솔직하게 이야기한다. 참가자들은 언제나 나의 특별

한 요구를 존중해주었다. 나중에 개인적으로 찾아와서 자기도 그런 시간이 필요하다며, 원하는 것을 솔직하게 이야기해줘서 고맙다고 말하는 사람도 있었다.

나는 나 자신이 한계를 가지고 있다는 걸 인정한다. 그러나 다른 면에서는 남들보다 풍부한 자원을 가지고 있다고 생각한다. 나의 내면적인 삶은 매우 풍부하고 생산적이다. 나는 심리치료 훈련에 필요한 영감이나 아이디어가 부족하다고 느낀 적이 한 번도 없었다. 나에게 이런 내적 자원이 있기 때문에 해마다 많은 사람이 내 강의와 심리훈련 과정에 몰려드는 것을 감사하게 생각한다.

남들보다 민감한 사람들 중에는 자존감이 낮은 사람이 많다. 그것은 지금 이 시대의 문화가 우리의 성향이나 행동과 매우 다른 성향과 행동 방식에 가치를 부여하기 때문이다. 극도로 민감한 사람들 중에는 평생 남들이 기대하는 '활기 넘치는' 모습으로 살아가기 위해 고군분투하는 사람이 있다. 그들은 은퇴한 후에야 느리고 사색적인 삶을 살 수 있다고 생각한다.

당신은 아마도 "지나치게 걱정하지 마", "더 강해져

야 해", "남들처럼 즐기는 방법을 배워"라는 말을 수없이 들으며 살아왔을 것이다. 달라져야 한다고 끊임없이 부추기는 세상에서 당신은 남들보다 민감한 자신을 사랑하는 방법을 배우지 못했을 것이다. 지금까지 타인의 기대에 맞추기 위해 자기 자신을 바꾸려고 노력했을 것이다.

그러나 당신은 자신을 있는 그대로 인정해야 한다. 그러기 위해서는 먼저 자기 자신을 양으로 측정하지 않고 질로 측정하는 방법을 배워야 한다. 당신은 남들처럼 생산적이거나 효율적이지는 못하지만, 질적으로 우수한 일을 해낼 수 있고, 좁은 폭을 깊이로 상쇄할 수 있다.

오랜 시간 나는 끊임없이 나 자신을 다른 사람들과 비교하며 살았다. 그리고 결코 그들을 쫓아갈 수 없다는 사실을 깨닫고 좌절했다. 그러나 나는 내가 할 수 없는 것에서 내가 갖고 있는 자원으로 초점을 옮기는 방법을 배우고 터득했다.

당신은 자신의 부족한 면에 집착하는 것이 얼마나 고통스러운 일인지 매우 잘 알고 있을 것이다. 당신의 눈에는 자신의 부족한 면만 확대되어 보인다. 당신이 다른 사람들과 어울릴 수 있는 시간은 너무 짧다. 당신이 한계에 도달했다고 느낄 때 다른 사람들은 그것을 알아차리고 "벌써 가려는 거야?"라고 비난조로 물을 것이다. 그 순간 당신은 그들과 소통할 수 있는 연결 고리를 잃어버리고 혼자 고립된 느낌에 빠질 것이다. 그러나 당신에게는 보통 사람들이 밤을 새워야 할 수 있는 양의 일을 불과 두 시간 만에 해낼 수 있는 능력이 있을지도 모른다.

나는 남들보다 민감하고 예민한 사람들이 이 책을 통해서 이미 가지고 있는 능력과 할 수 있는 일들을 더 많이 발견하기를 소망한다.

"극도의 민감성은 인격을 풍요롭게 만든다. 단지 비정상적이고 어려운 상황에서만 이러한 장점이 매우 심각한 단점으로 바뀐다. 그것은 민감한 사람들의 침착하고 신중한 성향이 갑작스러운 상황으로 인해 혼란을 겪기 때문이다.

그러나 극도의 민감성을 본질적으로 병적인 성격의 구성 요소로 간주하는 것은 심각한 오류다. 그렇다면 우리

는 인류의 4분의 1을 병적인 사람으로 규정해야 할지도
모른다."

-카를 구스타프 융

1장

남들보다
민감한 사람들

남들보다
민감한
사람들

민감한 것과 내향적인 것은 다르다

일반적으로 다섯 사람 중 한 사람은 남들보다 민감한 성향을 가지고 있다고 한다. 인간만이 아니라 다른 고등 동물들도 매우 민감한 유형과 '회복력이 더 강한(resilient)' 유형으로 구분할 수 있다. 두 가지 유형 중에서 대체로 후자가 더 모험을 좋아하고, 자기주장이 강한 성향을 보이는 것으로 알려져 있다.

인간은 두 가지 성(性)으로 구분될 뿐 아니라 이러한 두 가지 유형으로도 구분된다. 때로는 이런 성격 유형의 차이가 성의 차이보다 더 크게 나타나기도 한다.

높은 민감성을 가진 사람들의 특성이 새로운 발견

은 아니다. 단지 '내향적인 성격' 같은 다른 이름으로 불려왔을 뿐이다. 미국의 임상심리학자 일레인 아론(Elaine N. Aron)은 '타인보다 더 민감한 사람'의 개념을 처음으로 도입했다. 그녀는 타인보다 더 민감한 사람들 중 30퍼센트가 사회적으로 외향적인 성향을 가지고 있다는 사실을 발견하기 전까지만 해도 내향성과 민감함을 동일한 것으로 생각했다고 말한다.

남들보다 민감한 성향은 자신의 감정을 잘 드러내지 않고, 불안정하고, 수줍음을 많이 타는 성격으로 표현되기도 했다. 그러나 이것은 타인의 지지가 부족하고 불안할 때 표출되는 특성만을 다룬 것이다. 이런 설명은 민감한 사람들이 스트레스를 받는 상황에서는 남들보다 더 큰 어려움과 도전을 경험하지만, 평온한 상태에서는 남들보다 더 깊은 행복을 느낄 수 있다는 점을 간과하고 있다.

남들보다 민감한 우리는 부정적인 상황에서 더 예민하게 불행한 감정을 느끼지만, 적절한 상황에서는 훨씬 더 큰 행복을 느낀다. 이것은 이미 여러 연구에서 밝혀진 사실이다. 한 연구는 어려운 상황에서 민감한 반응(심장 박동 수와 면역 반응으로 측정했을 때)을 보이는 아이들이 스트레스를 받을 때 다른 아이들보다 자주 병에 걸리고 사고도 많이 당하지만, 정상적이고 익숙한 상황에서는 오히려 병에 걸리거나 사고를 당하는 빈도가 낮다는 사실을 증명했다.

더 많이 받아들이고 깊이 생각한다

남들보다 민감한 사람들은 특별히 예민한 신경 시스템을 가지고 있다. 숨어 있는 뉘앙스를 남들보다 더 많이 인식하고, 받아들인 인풋(input)은 더 깊은 곳에 입력된다. 또 풍부한 상상력과 활발한 내면세계를 가지고 있다. 이것은 외부 세계로부터 받아들인 인풋과 느낌이 무수한 개념과 연상, 사고를 불러일으킬 수 있음을 의미한다. 이처럼 우리의 '하드 드라이브(hard drive)'는 빠른 속도로 채워지고, 그 결과 과도한 자극을 받는다.

내가 이런 경험을 하는 건 너무 많은 인풋이 들어와 머릿속에 더 이상 정보를 저장할 공간이 없다고 느끼는 순간이다. 때로는 처음 만나는 사람들과 함께 있을 때 겨우 삼십 분이나 한 시간 후에 그런 상태가 되기도 한다. 나는 억지로 그 자리를 지키고 침착함을 유지하고 심지어 그 만남을 즐기는 척하기도 한다. 그러나 속으로는 엄청난 에너지를 쏟아붓고 있어서 결국 완전히 탈진해버리고 만다.

과도한 자극에 압도되는 것을 좋아할 사람은 없다. 그러나 만약 당신이 예민한 사람이라면, 유쾌한 자극으로 받아들일 수 있는 상황에서도 남들보다 훨씬 빨리 한계에 도달하고, 당장 그 장소를 벗어나 내면으로 침잠해야 할 필요를 절실히 느낄 것이다.

다음에 소개되는 에릭의 이야기가 당신에게는 낯설지 않을 것이다. 당신도 혼자 휴식을 취하고 싶을 때 남들이 당신을 병이 있거나, 지나치게 예민하거나, 냉담하거나, 비사교적인 사람으로 취급할까 봐 두려워할 테니까.

"친척들이 많이 모인 생일 파티에 참석하면 나는 계속 화장실을 들락거립니다. 거울로 내 얼굴이 괜찮은지 확인하고, 뜨거운 물과 비누로 손을 마사지합니다. 누군가 잠긴 화장실 문을 열려고 하면 아직 마음이 안정되지 않았는데 화장실에서 나가야 할 것 같아 안절부절못합니다. 언젠가는 신문 뒤에 숨으려고 했던 적도 있습니다. 구석에 있는 의자에 앉아 신문을 들어 올려 얼굴을 가리고 있었죠. 신문 뒤에서 눈을 감고 마음을 가라앉히려고 애쓰는데, 장난을 좋아하는 삼촌이 몰래 다가와 내 손에서 신문을 낚아채며 '너, 여기 숨어 있었구나!'라고 소리쳤어요. 그러자 모두들 웃음을 터뜨렸습니다. 정말 끔찍하고 불쾌한 순간이었습니다."

-에릭, 48세

당신을 과도하게 자극하는 것은 단지 힘든 인풋과 느낌만이 아니다. 즐거운 파티 같은 좋은 인풋도 어느 시점에는 지나친 자극이 될 수 있다. 당신은 파티 분위기가 한창 무르익었을 때 그 자리를 벗어나 혼자 시간을 보내고 싶은 충동에 사로잡힐지도 모른다.

이런 경우가 남들보다 민감한 성격 탓에 고통을 겪

는 순간이다. 우리들 대부분은 그런 상황을 남들만큼 오래 견딜 수 있기를 진심으로 바란다. 그곳에 오래 있기를 바라는 호스트를 실망시킬까 봐 두렵고, 파티를 끝까지 즐기지 못하는 것이 일종의 패배로 느껴지기 때문이다. 우리의 마음속에는 파티가 끝나기 전에 그 자리를 떠나면, 남아 있는 사람들이 나를 지루하고, 비사교적이고, 무례한 사람으로 여길지 모른다는 두려움이 깔려 있다.

이처럼 남들보다 예민한 신경 시스템은 종종 우리가 즐기고 있던 것을 떠나 자기만의 세계로 침잠할 것을 강요하지만, 한편으로는 남들보다 더 큰 기쁨을 경험하게 한다. 훌륭한 미술 작품을 감상하거나, 음악이나 새소리를 듣거나, 꽃향기를 맡거나, 맛있는 음식을 먹거나, 아름다운 경치를 보는 유쾌한 인풋들은 모두 큰 즐거움을 준다. 그런 인풋은 자아 깊은 곳으로 들어가 우리를 기쁨으로 가득 채운다.

혼자가 편한 삶 _____

극도로 민감한 사람들 중에는 혼자 사는 삶을 선택하는 사람이 많다. 일상생활 속에서 그들에게 필요한 평안함과 고요함을 누리기 위해서다. 그러나 그런 삶을 선택하면 때때로 외로움을 느낄 수밖에 없고, 해결하기 힘든 딜레마에 빠진다.

"나도 배우자를 찾기 원합니다. 하지만 그의 가족들이 내가 생일 파티에 항상 참석하기를 기대한다면 너무 힘들 것 같아요. 지금도 내 가족들을 소홀히 대하는 것 같아서 죄책감을 많이 느낍니다."

-한느, 45세

나는 민감한 사람들을 상담할 때, 복잡한 인간관계 속에서 혼자 보낼 수 있는 시간과 장소를 찾는 일이 너무 힘들다는 호소를 많이 듣는다.

"집에서 집안일과 아이 돌보는 일을 절반 이상 하지 않으면, 아내가 한바탕 난리를 칩니다. 저는 아내가 그렇게 감정적으로 행동하는 게 정말 마음에 들지 않아요. 내 신경이 완전히 균형을 잃고 극도로 날카로워지는 느낌이에요. 그래서 어떻게든 내 몫의 집안일을 해내려고 합니다. 가끔 내가 혹사당하고 있다는 생각이 들 때가 있어요. 최악의 상황일 때는 자극을 너무 많이 받아서 주변 세상과 연결 고리가 완전히 끊어져버린 기분이 듭니다. 그럴 때면 아무 일도 하지 않고 영원히 휴식하고 싶다는 생각을 합니다. 차라리 직장에서 혼자 여유롭게 시간을 보내는 게 훨씬 편한 것 같아요. 그러나 그건 아주 짧은 평안이죠. 아내는 내가 집에서 일을 하든지 아니면 직장으로 아이들을 데려가 주기를 바라는 것 같아요."

-카스퍼, 35세

배우자가 당신의 민감성을 존중하고 이해할 수 있는 포용력 있고 외향적인 사람이라면, 당신은 운이 좋은 사람이다. 외향적이고 지나치게 민감하지 않은 배우자는 운전을 하고, 마트에 가서 쇼핑을 하고, 혼잡한 이벤트 장소에 아이들을 데리고 가는 걸 좋아한다. 그리고 당신이 밤에 잠을 못 자서 한밤중에 깨우거나 도움을 청할 때도 별로 힘들어하지 않을 것이다.

그러나 배우자가 당신의 민감성을 이해하지 못하는 사람이라면, 두 사람의 결혼 생활은 난관에 부딪치게 될 것이다. 배우자가 당신의 민감한 성향을 배려해준다고 해도, 기회가 있을 때마다 "항상 피곤해하는 당신 곁에 나처럼 에너지 많은 사람이 있다는 건 당신에게 큰 행운이야"라는 식으로 말한다면, 당신이 함께 이벤트에 참석하지 않거나 당신보다 집안일을 더 많이 할 때마다 한숨을 내쉰다면, 당신은 그에게 짐이 되고 있다는 생각에 좌절감을 느낄 것이다. 이런 관계가 오랫동안 지속되면 스트레스와 피로감이 쌓여서, 어느 순간에는 폭발하게 된다. 극단적인 경우에는 별거나 이혼을 결심하기도 한다.

"제 남편은 감정의 기복이 너무 심해서 저를 정말 피곤하게 했습니다. 그 사람의 감정에 대응하는 게 제게는 너무 힘든 일이었어요. 결국 남편과 이혼하기로 결정했습니다. 정말 힘든 결정이었죠. 의도치 않게 많은 사람에게 상처를 주었어요. 그것은 정말 내가 원하지 않았던 일이었습니다."

-리나, 42세

민감한 사람들끼리 만나서 행복한 결혼 생활을 하는 경우도 있다.

"나는 세 번째 결혼에서 영혼이 통하는 사람을 만났습니다. 다른 사람들의 눈에는 우리가 정말 지루한 생활을 하는 것처럼 보일지도 모릅니다. 우리 둘 다 운전하는 걸 좋아하지 않기 때문에 대부분의 시간을 집에서 보냅니다. 함께 있어도 대화를 별로 하지 않을 때가 많아요. 그래도 서로의 존재를 깊이 느낄 수 있습니다. 나 자신도 잘 몰랐던 나의 내면에 대해 아내와 대화를 나눌 수 있다는 게 정말 행복합니다."

-에곤, 62세

민감한 부모의 아이들

남들보다 민감한 사람들 중에는 자녀를 갖지 않거나 한 명만 갖는 사람들이 있다. 이들에게는 부모 역할이 매우 어려운 일이다.

"내게 필요한 휴식 시간을 갖기가 너무 힘들어요. 잠시 쉬려고 욕실에 들어가면 금방 딸아이가 '엄마, 엄마, 어디 있어?'라고 소리치거든요."

-마야, 38세

내 강의를 듣는 사람들 중에는 가끔 십 대의 자녀들에게 밖에 나가서 살라고 할 수밖에 없다고 털어놓는 이들이 있다. 그들은 그 연령대의 자녀들이 너무 시끄럽고, 혼란스럽고, 예측 불가능해서 함께 생활하기가 너무 힘들다고 말한다.

당신이 남들보다 민감하다면 아마도 부모로서 좋은 자질을 많이 가지고 있을 것이다. 직관적이고, 주의력이 깊고, 자녀가 무엇을 필요로 하는지 잘 파악할 수 있고, 좋은 부모가 되기 위해 최선을 다할 것이다. 또 당신은 좋은 부모에 대해 높은 기준을 가지고 있어서 자신이 그 기준에 미치지 못할 때 수치심을 느낄 것이다.

문제는 완벽한 부모 역할을 하기 위해 에너지를 너무 많이 소모하고, 결국 탈진할 위험이 있다는 것이다. 당신에게는 혼자 조용히 침잠할 수 있는 시간이 필요하다. 그런 시간을 충분히 갖지 못하면 짜증을 내게 되고, 타인에 대한 공감 능력을 잃게 된다.

부부가 함께 육아를 담당한다면, 교대로 아이를 돌보고 각자 휴식 시간을 갖는 게 효율적인 방법이다. 자녀를 혼자 양육할 때는 배우자의 도움과 지지를 최대한 많이 받아야 한다.

나는 혼자 두 자녀를 키웠다. 좋은 엄마가 되기 위해 노력했지만, 부모로서 더 많은 걸 해주지 못해 미안할 때가 많았다. 그중 하나는 아이들의 학교에서 열리는 학부모 모임에 모두 참석하지 못하는 경우였다.

내 아이들은 어릴 때부터 아침에 혼자 일어나 학교

에 가는 일에 익숙했다. 아침에 일어나서 자녀들이 먹을 빵을 직접 굽는다는 부모들의 이야기를 들으면 마음이 아팠다. 나도 내 아이들을 위해서 그렇게 해주고 싶었다. 그러나 아침에 두 아이가 학교에 갈 준비를 시켜야 하는 일이 내게는 큰 스트레스였다. 마지막 순간까지 실랑이를 벌이는 아이를 달래서 간신히 등교시키고 나면, 다시 마음을 가라앉히고 내 일에 집중할 때까지 오랜 시간이 걸렸다.

나는 결국 귀마개를 하고 침대에 누워서 아이들이 집을 나간 후에 일어나는 방법을 선택했다. 혼자 평화로운 아침을 보내면, 그날 하루 좋은 컨디션을 유지할 수 있었다. 그러나 교구 사람들이 내게 아침에 일어나는 시간을 물어볼 때마다 부끄러워서 대답을 피하곤 했다. 지금도 나는 아이들에게 해주지 못한 일에 대해 안타까움과 미안함을 느낀다. 에너지가 넘치는 엄마가 되고 싶었지만, 내게는 그럴 능력이 없었다. 그것이 현실이었다. 그러나 이제는 더 이상 나 자신에게 화내지 않는다. 그리고 현재 내 아이들은 자신의 삶을 자립적으로 잘 살아가고 있다.

임계점이 매우 낮다 _____

남들보다 민감한 당신은 불쾌한 소리나 모습, 냄새로부터 자신을 분리하는 것이 얼마나 힘든 일인지 알 것이다. 당신은 자신이 선택하지 않은 것들과 걸러낼 수 없는 인풋 때문에 자주 신경이 곤두서고 짜증스러워지는 경험을 할 것이다. 남들은 정상적인 것으로 받아들이는 소리가 당신에게는 신경 시스템의 균형을 깨뜨리는, 극도로 거슬리는 소음으로 감지될 것이다.

특히 당신에게 새해 전날은 두려운 시간이다. 민감한 감성을 가진 당신은 하늘을 수놓는 불꽃의 아름다움에 감탄한다. 그러나 불꽃의 요란한 폭발음은 적응하기 힘든 소음이기도 하다. 그 소음은 당신의 신경 시스템을 뚫고 들어와 온 신경을 뒤흔들고, 예민하고 불안하게 만든다.

나는 민감한 성격을 주제로 세미나를 열거나 일대일 상담을 할 때 참가자들에게 민감한 성격 때문에 겪은 최상의 경험과 최악의 경험에 대해 묻곤 한다. 꽤 많은 사람이 새해 전날이 최악의 경험이었다고 대답한다. 실제로 폭발음이 살아 있는 지옥의 끔찍한 소리처럼 느껴졌다고 말하는 사람들도 있다.

깊이 잠들기 힘들고, 작은 소음에도 깨는 예민한 사람은 옆에서 무언가 찾느라고 부스럭거리는 사소한 소리에도 신경이 곤두선다. 그런 사람에게는 피하고 싶은 특별한 장소나 환경이 있다. 유난히 민감한 사람들은 추운 날씨나 찬바람의 영향을 많이 받기 때문에 야외에서 열리는 파티에 초대를 받으면 곤혹스러워한다. 미용실에 갔을 때 파마를 하는 손님이 있으면, 화학 약품 냄새가 당신을 고통스럽게 할 것이다.

담배를 피우는 사람의 집을 방문하는 것도 고역이다. 집주인이 당신이 방문한 동안 담배를 피우지 않아도 옷과 가구에 배인 담배 냄새는 예민한 당신의 코를 견디기 힘들게 할 것이다. 내담자(상담 의뢰인) 중에는 직장에 하루 종일 라디오가 켜져 있어서, 그 소음을 참지 못하고 사표를 낸 사람도 있다.

카페에 당신이 좋아하지 않는 음악이 큰 소리로 흘러나오면, 그곳은 불편한 장소가 된다. 남들보다 민감한 사람은 많은 사람이 북적거리는 장소에 있을 때 심한 스트레스를 받는다. 사실 유달리 민감한 사람이 자기 마음에 쏙 드는 카페를 찾기란 무척 어려운 일이다. 당신의 마음에 드는 카페를 찾다가 동행한 사람들이 짜증스러워하며 화를 낸 적이 종종 있을 것이다. 특히 모두들 피곤하고 배가 고플 때는 더 난감한 상황이 벌어진다.

> "나도 내 기분을 맞추기가 너무 힘들어서 나에게 화가
> 날 때가 많아요. 남들처럼 모든 일을 무던하게 받아들일
> 수 있다면 얼마나 좋을까 하는 생각을 자주 해요."
>
> ─수잔, 23세

남들보다 민감한 우리는 모든 일을 가볍게 받아들이지 못한다. 고통의 임계점이 낮기 때문에 주변 상황이 좋지 않을 때 더 큰 고통을 받는다.

타인의 감정에 영향을 받는다 _____

극도로 민감한 사람들은 자신의 환경 속에 갈등 요
소가 있을 때 견디기 힘들어한다. 언쟁이 벌어지는 상황
은 그들을 피곤하게 만든다. 긴장감이 감도는 자리에 있
는 것조차 버거운 일이다.

하지만 다른 관점에서 보면, 남들보다 민감한 사람
들은 뛰어난 감정 이입 능력을 가지고 있다. 우리는 상대
방의 이야기를 들을 때 깊이 공감할 수 있다. 그래서 남을
돌보는 직업을 선택하고, 그 분야에서 능력을 인정받는
경우가 많다.

민감한 사람들이 남을 돌보고 돕는 직업을 가지고
있다면, 하루 일과가 끝날 때쯤 에너지가 완전히 고갈될
것이다. 민감하기 때문에 다른 사람들의 기분에 쉽게 영
향을 받고, 정신적인 상처도 많이 받는다. 남의 고통을 자
신의 고통과 분리하지 못하고, 집에 돌아와서도 그 감정
에서 빠져나오지 못한다.

많은 사람을 상대하는 일을 하는 민감한 사람들은

감정적인 에너지를 많이 소모해서 탈진하기 쉽다. 그런 사람은 무엇보다 자신을 돌보는 방법을 배우는 것이 중요하다.

가끔 내게 민감하게 반응하지 않는 방법을 배우고 싶다고 호소하는 사람들이 있다. 남들보다 민감한 사람들은 성능이 뛰어난 안테나를 가지고 있어서 자신의 주변에서 일어나는 일들을 명확하게 감지한다.

나도 가끔 신경 시스템 안으로 인풋이 들어오지 못하도록 안테나를 묶어버리고 싶다는 생각을 한다. 차라리 귀가 안 들리거나, 눈이 안 보이거나, 말을 할 수 없으면 좋겠다고 느낄 때도 있다. 그러나 그건 불가능한 일이다. 당신은 단지 자신이 경험하고 느끼는 것에 대해 생각하는 방식을 스스로 조정할 수 있을 뿐이다.

인간관계에서 갈등을 겪고 있다면 당신은 우선 그 관계에 대한 자신의 사고방식을 점검해야 한다. 당신은 '이 사람은 내게 화가 난 것 같아. 내가 뭘 잘못한 거지?'라고 생각하거나 '이 사람은 무척 낙심하고 있어. 자기 자신을 돌아볼 시간이 필요해'라고 생각할 수 있다. 첫 번째처럼 생각한다면 당신은 아마도 힘든 상황을 지나치게 부정적으로 받아들이는 습관을 가지고 있을 것이다. 7장을 읽어보면 기분과 생각이 얼마나 긴밀하게 연결되어 있는지 더 자세히 알 수 있다.

주변 상황에 대한 민감성은 앞서 말했듯 자녀를 양육하는 데 필요한 훌륭한 자원이 될 수 있다. 아동 발달 심리학자인 수잔 하트(Susan Hart)는 이렇게 말한다.

"주위 환경에 민감하게 반응하는 유아는 다른 유아들보다 자극에 더 취약하다. 안전하고 애정이 넘치는 환경은 어린아이들이 자신의 주변 환경에 관심을 갖고, 참여하고, 공감하고, 적응하며, 즐거움을 경험할 수 있게 한다."

-수잔 하트, 2009

부모의 지지와 격려를 받으며 성장하는 민감한 아이들은 대체로 자신의 민감성을 하나의 자산으로 느끼고 받아들이게 된다. 당신이 어렸을 때 충분한 애정과 돌봄을 받지 못했다면, 어른이 된 지금 자신의 삶에 애정과 돌봄을 제공하는 방법을 배워야 한다. 자신에게 민감성의 잠재력을 발휘하고 자원으로 활용할 수 있는 기회를 제공함으로써 삶을 지지하고 조정할 수 있게 될 것이다.

필요 이상으로 양심적이다

　4세 정도의 민감한 어린이들을 대상으로 한 연구를 보면, 자신을 지켜보는 사람이 없다고 확신할 때도 대부분 속임수를 쓰거나, 규칙을 어기거나, 이기적인 행동을 하지 않는다는 걸 알 수 있다. 또 이런 어린이들은 도덕적인 딜레마에 직면했을 때 사회적으로 만족할 만한 해답을 제시했다(코찬스카 & 톰프슨, 1998).

　남들보다 민감한 사람은 대체로 양심적이고 모든 일에 책임감을 느낀다. 우리는 어릴 때부터 주변에 대해 예민하게 느끼고, 불안한 상황에 대응하기 위해 노력했다.

　"엄마가 불행하다고 느꼈을 때 나는 엄마에게 귀찮은 존재가 되지 않으려고 무척 노력했어요. 어떻게 하면 엄마를 더 행복하게 해줄 수 있을지 고민했죠. 그러다가 만나는 모든 사람에게 웃으면서 인사하기로 마음먹었어요. 그러면 사람들이 아이를 잘 키웠다고 엄마를 칭찬할 거라고 생각했으니까요."

-한나, 57세

불안하고 긴장된 분위기 속에 있을 때 당신은 그 상황에 개입해야 할 책임을 느끼고 개선하기 위해 애쓸 것이다. 당신은 그 일에 관련된 모든 사람의 불만을 들어주고, 긍정적인 조언을 하고, 해결책을 찾으려고 노력할 것이다. 그러나 다른 사람들이 이미 갈등을 해결하고 파티를 즐기고 있을 때, 당신은 극심한 피로감을 느끼고 집으로 돌아가고 싶을지도 모른다.

당신이 개입해서 책임을 떠맡는 것이 좋은 방법인지 아닌지는 구체적인 상황에 따라 판단해야 한다. 문제는 일단 불편한 상황이 전개되면 당신은 그 영향을 피할 수 없고, 당신의 신경 시스템은 균형을 잃게 된다는 점이다.

누구도 세상의 모든 일을 책임질 수 없다. 당신이 어떤 일에 대해 책임을 진다면 그것은 결국 다른 사람의 책임을 떠맡는 것이 된다. 자신의 행동에 책임을 지고 실수를 통해 배우는 게 그들에게 좋은 경험일 수도 있다는 걸 인식해야 한다.

"나는 대부분의 상황에서 다른 사람들의 책임을 떠맡지 않기로 결심했습니다. 그 후로는 세상 속에서 살아갈 에너지를 더 많이 갖게 되었죠."

-에곤, 62세

민감한 사람들은 남에게 고통이나 불편을 주는 걸 극도로 싫어하고 피한다. 우리는 다른 사람들과 관계를 맺는 데 많은 에너지를 쏟는다. 그러나 정신적으로 덜 민감한 사람들은 자신이 무슨 말을 하고 어떤 행동을 해야 하는지 크게 신경 쓰지 않는다. 이것은 민감한 사람들에게는 이해하기 힘든 일이다.

나는 남들의 무신경한 말 때문에 상처 받는 민감한

사람들의 이야기를 수없이 들어왔다. 그들은 남들도 그들처럼 인간관계에 대해 많이 생각하고, 신경을 쓸 거라고 생각하지만 현실은 그렇지 않다. 민감한 사람들은 그런 사람들의 태도에 충격을 받지 않도록 미리 마음의 준비를 해야 한다.

민감한 사람들은 인간관계에 많은 주의를 기울이기 때문에 반응이 느리고 부자연스러울 때가 많다. 그들은 논쟁에서 대부분 패배하고, 다음 날이 되어서야 뒤늦게 자기가 어떤 말과 행동을 하는 게 옳았는지 깨닫고 후회한다.

민감한 사람들이 항상 양심적이고, 주의 깊고, 공감 능력이 뛰어난 것은 아니다. 그들도 과도한 자극을 받거나 당황하면 사려 깊지 못한 행동을 할 수 있고, 때로는 굉장히 까다로운 사람으로 보일 수 있다.

누구보다 풍부한 내면의 삶 _____

　높은 민감성을 가진 사람들은 풍요롭고 이상적인 삶, 창의적인 내면세계, 풍부한 상상력을 가지고 있다. 나는 혼자 있을 때 지루하다고 느낀 적이 거의 없다. 오히려 혼자 있는 시간이 내게 유익하다고 생각한다. 나를 즐겁게 하기 위해 타인에게 의존할 필요가 없으므로, 나 자신으로 살아갈 충분한 자유를 누릴 수 있다.

　많은 활동을 하며 분주한 삶을 살던 사람이 실직하거나 은퇴하면 위기에 빠지는 사례를 많이 보게 된다. 그러나 민감한 사람들은 그것을 새롭게 발견한 자유로 받아들이고 환영한다. 그 시간을 자신을 창조적으로 표현하는 기회로 삼고, 삶을 더 느린 속도로 즐기며 살아간다.

　우리에게 영감을 불어넣는 것은 그리 어렵지 않은 일이다. 그러나 민감한 사람들 중에는 영감을 받을 때 즉각 그 일을 시행하라는, 외면할 수 없는 내면의 강렬한 요구로 느끼고 두려워하는 사람들도 있다.

"나는 그림 그리는 걸 좋아하지만 때로는 그 일이 무거
운 짐 같아요. 새로운 이미지가 떠오르면 최대한 빨리 그
이미지를 캔버스 위에 옮겨야 할 것 같은 강박을 느끼니
까요."

-리사, 30세

강렬한 영감을 느끼는 건 매우 소중한 경험이지만,
영감을 다루는 방법을 알아야 한다는 조건이 전제된다.
높은 민감성을 가진 사람들은 강렬한 영감을 자주 느낀
다. 그들 중에 여러 장르의 예술적인 창작에 종사하는 사
람이 많은 것도 그런 맥락에서 이해할 수 있다. 나는 밤
10시 이후에는 아예 영감의 근원을 차단하는 편이다. 한
밤중에 새로운 아이디어가 떠오르면 밤새 잠을 못 이루
기 때문이다.

민감한 사람들의 의식과 무의식 사이에는 다른 사람
들보다 더 얇은 칸막이가 놓여 있다. 그래서 그들은 잠재
의식의 재료에 쉽게 접근할 수 있고, 그것을 창조적인 표
현과 꿈으로 시각화할 수 있다.

본능적인 영적 호기심 _____

높은 민감성을 가진 사람들은 대부분 인간이 더 큰 세계의 일부분에 불과한 존재라고 믿는다. 그들은 자연에 대해 깊은 경외심을 갖고 있고, 인간이 동물과 식물과 연결된 존재라고 생각한다. 그중에는 여러 가지 종교적인 믿음을 추구하고 교회나 자기계발 센터, 영성 공동체 같은 곳을 찾는 사람들도 있다. 그러나 대부분의 민감한 사람들은 스스로 자신의 신념 체계를 만들어내고, 정신적인 공동체 중에서 자신에게 맞는 곳을 선택한다.

하느님, 신, 수호천사, 다른 여러 가지 이름으로 부르는 영적인 존재와 우리의 관계는 매우 개인적인 것이다. 우리는 스스로 신적인 존재와 관계를 형성하기 때문에 우리를 이끌어줄 목사나 종교 지도자, 영적인 스승을 필요로 하지 않는다. 대부분의 민감한 사람들은 자기보다 위대하다고 생각하는 어떤 존재와 대화하는 것을 자연스럽게 느끼지만, 그것에 대해 다른 사람들과 대화를 나누고 싶은 욕구는 느끼지 않는다.

완벽하고 치밀하다

낯설게 느껴지는 상황에서 당신은 두 가지 방법으로 대처할 수 있다. 하나는 즉시 상황을 파악하고 여러 가지 시도를 하는 것이고, 다른 하나는 행동을 취하기 전에 기다리고, 관찰하고, 주의 깊게 생각하는 것이다.

동물들과 어떤 종류의 사람들은 첫 번째 전략을 사용한다. 그들은 반응이 빠르고, 충동적이고, 대담하고, 모험을 좋아한다. 다른 유형의 사람들은 두 번째 전략을 선택한다. 그들은 경계심이 강하고, 주의 깊고, 오랫동안 관찰한 후에야 행동한다.

이 두 가지 전략은 각각 다른 상황에서 유리하다. 한 무리의 토끼가 풀이 적고 포식 동물도 거의 없는 새로운 목초지에 도달했다고 가정해보자. 이런 경우 첫 번째 전략을 사용하는 토끼들의 생존 가능성이 더 높다. 이 토끼들은 더 주의 깊은 토끼들이 들어가기 전에 재빨리 풀밭에 도착해서 풀을 다 먹어치워 버린다. 그러나 반대 상황이라면, 즉 풀이 많고 포식 동물도 많은 목초지라면 두 번째 전략이 적절하다. 풀밭에 먼저 도착한 민첩하고 용감한 토끼들은 포식 동물에게 잡아먹히고 말 것이다. 주의 깊은 토끼들처럼 주의 깊은 사람들도 늦기 전에 위험을 알아차린다.

자신이 선호하는 전략을 사용하는 두 가지 유형의 종이 존재하는 것은 그 종의 생존에 필수적인 조건이다. 주의 깊은 동물들이 굶어 죽고 더 빠른 동물들이 생존하는 경우도 있지만, 때로는 주의 깊은 동물들이 다른 동물들에게 미리 위험을 알려서 모두 더 높은 생존 기회를 갖기도 한다. 어떤 경우든지 결국 그 종의 생존을 보장하기에 충분한 숫자가 남는다.

두 번째는 민감한 사람들이 사용하는 전형적인 전략이다. 그들은 말을 하거나 행동을 취하기 전에 자세히 관찰하고 깊이 생각한다. 당신은 아마도 대화를 시작하기 전에 몇 단계 앞서서 생각하는 습관을 갖고 있을 것이다. '그가 이렇게 말하면 나는 이렇게 말할 거야. 그리고 그가 그 말을 듣고 기뻐하면 나는 이렇게 행동할 거야'라는 식으로. 그리고 당신은 새로운 프로젝트를 시작하기 전

에 미리 생길 수 있는 모든 결과를 머릿속으로 그려볼 것
이다.

높은 민감성을 가진 사람들은 모든 긍정적인 가능성
을 예상할 뿐 아니라 부정적인 가능성에 대해서도 대비
할 수 있다. 당신은 어떤 상황이 벌어지기 전에 그 상황의
세세한 부분을 미리 검토하고 준비한다. 이것은 당신이
실수할 위험을 미리 막아준다. 그러나 이런 태도는 행동
이 느리고 위험에 대해 걱정하느라 많은 시간을 낭비하
는 단점을 가지고 있다.

나는 보통 트레이닝을 시작하기 전에 세부적인 사항
을 모두 점검한다. 일어날 수 있는 모든 사고를 예상하고,
그 사고에 대처할 제2안을 만든다. 그러나 대담한 성격을
가진 사람들은 일이 계획대로 풀리지 않아도 큰 타격을
받지 않기 때문에 완벽하고 치밀하게 준비할 필요가 없
을지도 모른다.

하루 종일 심리치료 훈련을 강행하고 나면, 내 에너
지는 완전히 바닥을 드러낸다. 나는 예기치 못했던 사건
이나 문제가 터졌을 때 끌어낼 에너지를 비축하고 있지

않기 때문에 사전에 모든 일을 주도면밀하게 검토하는 것이 최선의 방법이다.

문제를 예측하고 검토하는 습관은 매우 유용한 능력이지만, 모든 사람이 그런 능력을 가지고 있는 것은 아니다. 그런 능력이 없는 사람들은 위험에 부딪칠 가능성이 높다. 반면에 당신의 문제점은 만성적인 걱정과 불안에 빠지기 쉽다는 것이다. 당신이 끊임없이 긴장 상태에 놓여 있다면, 그런 능력의 스위치를 아예 꺼버리는 방법을 배우는 게 좋을지도 모른다. 예를 들면 이완 기법이나 명상 같은 방법이 도움이 될 것이다.

당신은 걱정을 줄이고 상황을 있는 그대로 받아들이라는 말을 자주 들었을 것이다. 그러나 당신이 매우 민감한 사람이라면 말과 행동을 하기 전에 깊이 생각할 시간이 필요하다. 당신의 에너지 수준은 한계가 있어서 갈등이나 실수에 할애할 에너지가 부족하기 때문이다. 논쟁은 오랫동안 신경 시스템의 균형을 흔들어 놓을 것이다. 불필요한 논쟁은 피하는 게 상책이다. 배고픔이나 갈증, 추위도 영향을 미칠 수 있으니 가능하면 피하는 게 좋다.

느리고 신중하다

높은 민감성을 가진 사람들은 한 가지 일이 가지는 모든 측면을 볼 수 있다. 그렇기 때문에 당신은 사물을 철저히 파악하기 위해 남들보다 많은 시간이 필요하다. 이런 성향의 긍정적인 측면은 남들보다 사려 깊고 독창적이라는 점이다. 작가, 예술가, 자유사상가 가운데 남들보다 민감한 사람들이 많은 것도 그런 이유에서다.

"나는 짧은 시간에 결정을 내리는 사람들이 이해가 안 돼요. 내게는 직장에서 회의할 때 내 생각과 느낌을 파악하고 좋은 행동 방향을 선택하는 게 너무 어려운 일이거든요. 하룻밤 그 문제에 대해 깊이 생각하는 게 최선의 방법이라고 생각해요.

처음에는 결정을 빨리하지 못하는 나 자신이 너무 싫었습니다. 그런데 모두들 차츰 저의 행동 방식에 익숙해지더군요. 나중에는 동료들이 내 관점과 아이디어를 존중해주었습니다. 철저한 논리적 사고에서 나온 결과라는 걸 알게 되었으니까요."

-젠스, 55세

극도의 민감성은 충동성과 정반대 성향이다. 그러나
민감한 사람들 중에는 과도한 자극을 받거나 자극을 피
할 수 없을 때 좌절하고 분노를 폭발시키는 사람이 있다.
그들은 스스로 감당할 수 없는 상황을 피하기 위해 충동
적인 행동을 하기도 한다. 갑자기 직장을 그만두거나, 친
구와 절연하거나, 진탕 마시며 놀거나, 폭음이나 폭식을
하거나, 부모에게 전화를 걸어 마구 감정을 쏟아낸다.

이런 성향은 경계선 성격장애(BPD, Borderline Perso-
nality Disorder)로 오해받기도 한다. 그러나 민감한 성격은
다른 사람을 화나게 하거나 고통을 주었을 때, 금방 자기
가 한 행동을 후회한다는 점에서 경계선 성격장애와 다
르다. 경계선 성격장애 진단을 받은 사람들이 더 쉽게 화
를 내고 방어적인 행동을 하는데 반해, 민감한 사람들은
수치심이나 죄책감을 훨씬 더 많이 느낀다.

민감한 당신은 잘못된 일을 피하고 싶어 한다. 사람

이나 동물에게 어떤 식으로든 해를 끼쳤을 때 당신은 오랫동안 자책하고 슬픔에 빠질 것이다.

감각적인 것을 추구한다

　대부분의 민감한 사람들은 신중한 전략을 선택한다. 그들은 흥분보다 안전을 중요시하고, 익숙한 것을 좋아한다. 그러나 일부는 모험과 새로운 탐험을 즐기기도 한다. 쉽게 싫증을 느끼지만 동시에 자극에 민감하다면, 당신은 감각적인 것을 추구하는 민감한 사람에 속할 것이다. 그런 당신에게 주어진 과제는 두 성향 사이의 균형을 맞추는 방법을 찾는 것이다.

　감각적인 것을 추구하는 민감한 당신은 반복적인 일에 쉽게 싫증을 내고, 틀에 박힌 일상을 따분하게 여긴다. 당신은 흥미로운 경험을 추구하고, 여행을 좋아하고, 특히 전에 가보지 않은 새로운 장소에 가고 싶을 것이다.

　감각적인 것을 추구하는 민감한 사람들은 자신의 삶

속에서 많은 문제를 일으키는 것처럼 보일 수 있다. 그들은 쉽게 자극을 받고 압도당하면서도 끊임없이 새로운 경험을 추구하고, 기진맥진하고, 자신의 행동을 비판하고 자책한다. 그러나 새로운 경험을 갈망하는 성향은 잘못된 게 아니다. 단지 두 가지 성향 사이에서 균형을 유지하는 것이 어려울 뿐이다. 그것은 마치 한쪽 발은 액셀러레이터에 올려놓고 다른 발은 브레이크에 올려놓은 채 차를 운전하는 것과 같다.

내향적이거나 외향적이거나 _____

높은 민감성을 가진 사람들 중 70퍼센트 정도는 내향적이지만, 나머지 30퍼센트는 외향적이다. 내담자들에게 그들이 내향적이라고 이야기하면 "나는 내향적인 사람이 아니에요. 혼자 있거나 가만히 앉아 있는 걸 좋아하지 않는 걸요"라고 하면서 부정하는 경우가 대부분이다.

지금은 내향적이라는 말이 모욕적인 단어로 받아들

여지는 시대인 것 같다. 내향적이라는 표현은 말을 걸기 어렵고, 남들에 대해 무관심하고, 자기 망상에 사로잡히거나, 사이버 공간에 빠져서 혼자 시간을 보내는 사람을 연상시킨다.

그러나 융(Carl Gustav Jung)은 내향적인 사람들이 물질적인 세계보다 내면세계에 더 많은 관심을 가지고 있다고 말한다. 이것은 그들이 자신의 내면세계뿐 아니라 다른 사람들의 내면세계에도 관심이 있음을 의미한다.

당신이 내향적이면서 민감한 성격의 소유자라면, 피상적이고 물질적인 주제의 대화를 지루하게 느낄 것이다. 잡담은 피곤해하지만, 깊은 차원의 대화, 특히 공통의 관심사를 주제로 한 일대일이나 소그룹의 대화는 즐긴다. 그리고 많은 사람의 모임보다는 부담이 적은 소모임을 선택할 것이다.

반대로 외향적이면서 민감한 성격이라면, 당신은 사람들과 어울리는 데 모든 시간을 사용하지 않을 것이다. 당신에게는 내향적이면서 민감한 사람들처럼 혼자 조용히 인풋을 처리할 시간이 필요하기 때문이다.

민감한 성격은 내향적인 성격과 공통점이 많기 때문에 혼동하기 쉽다. 풍부한 내면세계와 깊이 사고하는 성향은 융이 묘사한 내향적인 성격의 특징에 속한다. 내향적인 사람과 민감한 사람에게는 많은 외적인 자극이 필요하지 않다. 풍부한 내면의 삶이 있고, 자신의 사고와 상상에 의해 자양분을 공급받기 때문이다. 그들은 또한 인풋과 경험을 깊이 숙고하고 소화하는 데 많은 에너지를 사용한다.

　높은 민감성을 가진 사람들 중에 외향적이고 많은 사람과 어울리는 걸 좋아하면서도 내향적인 깊이가 있는 사람이 있다. 그들은 대부분 대가족 안에서 자랐거나, 학교나 다른 공동체적인 삶의 양식에 익숙하다. 또 자기 주변에 사람이 많을 때 안전하고 익숙하게 느낀다. 그들 중에는 환경적인 압박감으로 인해 외향적인 성향을 갖게 된 사람들도 있다. 활기가 넘치고 외향적인 행동만 수용되는 환경에서 자란 사람들은 무의식중에 그런 행동을 선택해야 한다고 느낄 것이다.

　남들보다 민감한 사람들 중에 70퍼센트가 내향적인

성향의 소유자라는 건 쉽게 이해할 수 있는 일이다. 소그룹 안에서는 깊은 사고를 할 수 있고, 사람이 적을 때는 쉽게 압도당하지 않기 때문이다. 민감하면서 외향적인 성격을 가진 사람은 자신의 신경이 감당할 수 있는 한계를 넘어서는 사교적인 분위기에서 좌절하고 압도당하기 쉽다. 민감하면서 내향적인 사람들 역시 정도가 덜하기는 하지만 비슷한 경험을 한다.

사람의 수만큼 다양한 유형

자신에게 100퍼센트 들어맞는 유형을 찾을 수는 없다. 그러려면 사람의 숫자만큼 많은 유형이 필요할 것이다. 자신을 특정한 범주에 끼워 맞추려 들면 결국 자신의 의식에서 자기 성격의 일부분을 제외하게 된다. 자기 자신을 하나의 구체적인 유형과 동일시하는 것은, 스스로 성장과 변화의 가능성을 가진 존재라는 사실을 외면하고 특정한 역할로 자신을 제한하는 것과 같다.

사람들을 여러 가지 유형으로 설명하는 것은 실제로 엄청나게 다양한 사람이 존재한다는 걸 인식하는 데 도움이 된다. 그런 인식이 부족하면 모든 사람이 자기 자신과 비슷하다는 착각에 빠지고, 남들이 나와 다른 방식으로 행동할 때 그들이 뭔가 잘못된 것처럼 느끼게 된다.

나 역시 예전에는 나와 다른 유형의 사람들이 있다는 걸 이해하지 못했다. 에너지가 넘치고 바쁘게 살아가는 사람들은 진정한 자아와 연결되는 것을 두려워한다고 생각했다. 나는 그들이 무언가를 회피하고 있다고 확신했다. 그러나 지금은 그들이 나와는 매우 다른 방식으로 자신에게 주어진 삶의 역할을 충실히 해내고 있다는 걸 이해한다.

자기 자신과 다른 사람들의 성격과 성향의 차이를 이해하지 못하는 외향적인 사람들은, 내향적인 사람들이 자신의 속마음을 잘 털어놓지 않고, 자기 자신에게만 관심이 있고, 타인에 대한 관심과 애정이 부족하고, 남을 위해 시간을 할애하지 않는다고 생각할지도 모른다. 그들은 아마도 내향적인 파트너가 둘이 함께 시간을 보내는 것보다 혼자 있는 걸 좋아하면 두 사람의 관계에 뭔가 문제가 있다고 오해할 것이다.

자기 자신과 다른 유형이 있다는 걸 인식하고 그들의 특성을 이해하기 위해 노력한다면, 많은 커플이 지금보다 더 행복해질 수 있을 것이다.

민감한 사람들은
이상적인 삶, 창의적인 내면세계,
풍부한 상상력을 가지고 있다.

2장

높은 기준과
낮은 자존감

자신에게 매우 엄격하다

우리는 자신이 세운 행동 원칙을 항상 인식하며 살아가지 않는다. 이러한 행동 원칙은 부모님이 만든 것일 수도 있고, 스스로 삶의 어떤 시기에 만든 것일 수도 있다. 이것은 숟가락으로 밥을 먹는 습관에 비유할 수 있다. 처음 숟가락을 사용하는 방법을 배울 때 우리는 생각하면서 사용한다. 숟가락을 들고 음식이 제대로 입에 들어가도록 돌려서 사용하는 방법을 연습한다. 그러다가 일단 사용 방법을 터득하게 되면, 생각할 필요 없이 자연스럽게 숟가락을 사용한다.

당신은 어쩌면 예전에 배운 행동 규칙을 의식하지

않고 자동적으로 그 규칙에 따라 살고 있을지도 모른다. 문제는 그 규칙이 너무 낡아서 이제는 당신에게 적합하지 않다는 것이다.

남들보다 민감한 사람들에게는 오랜 시간 다른 사람들과 어울리는 것이 무척 힘든 일이다. 만일 당신이 진부하고 융통성 없는 행동 규칙을 고집하며 다른 사람들과 함께 생활하고 있다면, 에너지는 급속도로 소진될 것이다. 당신은 다른 사람들보다 자기 자신에게 더 엄격한 기준을 적용하기 때문이다.

나는 남들보다 민감한 사람들과 상담하고 대화를 나누면서 그들이 지키는 행동 원칙 중에 잘못된 것들이 있다는 것을 발견했다. 예를 들면 다음과 같은 것들이다.

'나는 모든 상황에서 최선을 다해야 하고, 그 이상을 하면 더 좋다. 나는 다른 사람들이 내 약점을 보지 못하게 해야 한다. 나는 이기적인 행동을 하면 안 된다. 나는 항상 다른 사람들에게 주의 깊게 관심을 기울이고, 그들이 잘 지내도록 돌봐주어야 한다. 다른 사람들이 있는 자리에서 내가 원하는 걸 요구하는 것은 무례한 행동이다. 나

에게는 실수가 허용되지 않는다.'

남들보다 민감한 사람들은 대부분 자신의 행동 판단 기준을 매우 높게 설정한다. 당신은 다음과 같은 덕목에 대해 높은 기준치를 가지고 있을 것이다.

'다른 사람들에게 도움을 주어야 한다. 친절해야 한다. 사려 깊어야 한다. 주의를 기울여야 한다. 깊이 배려해야 한다. 책임감과 신뢰성이 있어야 한다. 관심을 가져야 한다.'

당신은 위의 모든 규칙을 100퍼센트 실행해야 스스로 만족할 것이다. 그렇기 때문에 한계를 설정할 때 자신의 행동 원칙과 자아상은 충돌할 수밖에 없다. 당신에게는 적당한 한계를 설정하는 것이 너무 어려운 일이다.

가치를 인정하지 않는 이유

자존감과 자신감은 다르다. 자존감은 자신의 본질을 이해하고, 자신의 깊은 가치를 아는 것이다. 자신감은 자신의 능력과 행동에 대한 믿음이다.

자존감은 굉장히 높지만 자신감이 없는 사람은 드물다. 건강한 자아 인식을 가지고 있는 사람들은 자기 자신에게 적합한 도전을 찾고, 그 도전을 성공으로 이끈다.

더 일반적인 조합은 자신감은 높고 자존감은 낮은 경우다. 자존감이 낮은 사람들은 남들보다 더 열심히 일하는 것으로 낮은 자존감을 보상하기 위해 노력하고, 특정한 분야에서 두각을 나타낸다. 직장에서 훌륭한 동료로 인정받는 사람은 자신의 능력을 깨닫고, 전문 분야에서 자신감을 갖고 행동한다. 그러나 동시에 자신이 남들이 좋아할 만큼 괜찮은 사람인지 확신을 갖지 못하고 불안해한다.

높은 기준은 낮은 자존감과 연결된 경우가 많다. 높은 기준은 낮은 자존감을 보상하기 위한 방편이다. 자기 자신이 사랑받을 만한 가치가 없는 사람이라는 생각이 강할수록 당신은 그것을 보상할 전략을 찾기 위해 더 많이 노력할 것이다.

남들보다 민감한 사람들이 낮은 자존감을 갖게 되는

데는 여러 가지 요인이 있다.

우리의 행동은 사람들이 이상적으로 생각하는 행동 방식에 부합되지 않는다. 우리는 그런 문화에서 자라났다. 우리 중에는 어릴 때 뭔가 문제가 있는 아이라는 비난을 들었던 사람도 있을 것이다.

"엄마는 항상 내가 너무 예민하다고 말했어요."

-잉어, 50세

우리는 아마도 태어날 때부터 까다로운 아이였을 것이다. 부모는 그런 우리를 못마땅하게 여겼을 것이고, 그것은 우리의 의식 속에 깊이 자리를 잡고 영향을 주었을 것이다. 평범한 아이들에게는 별로 영향을 주지 않는 일이 민감한 아이들에게는 큰 영향을 줄 수 있다. 그런 아이의 마음속에는 자기가 누군가를 피곤하게 하고 실망시켰다는 기억이 남게 된다.

우리는 특히 모든 문제의 원인을 자신에게서 찾으려는 경향이 있다. 또 잘못될 수 있는 결과를 미리 예측하고 대비한다. 그리고 그 원인을 자신의 행동의 결점에서 찾으려고 한다. 예상하지 못했던 남들의 비난을 받는 불쾌한 경험보다 차라리 자기 자신을 탓하는 편이 낫기 때문이다.

"누군가 나를 비난하면 오랫동안 그 일에 대해 생각해요. 비록 그것이 부당한 비난이더라도 나는 그 비난이 적절한 것인지, 비난받은 행동을 어떻게 처리해야 할지 고민합니다."

-엔느, 31세

우리는 자주 다른 사람들이 지고 있는 짐에 대해 책임을 느낀다. 우리에게는 어릴 때부터 모든 것을 자기 탓으로 돌리는 습관이 배어 있을지도 모른다.

"나는 늘 엄마가 행복하지 못한 게 내 잘못이라고 느꼈습니다. 엄마의 우울함을 막지 못하는 나 자신이 부끄러웠어요. 내가 좋은 자식의 역할을 다하지 못해서 엄마가 우울하다고 생각했으니까요."

사랑에는 대가가 필요 없다

당신은 이런 생각을 한 적이 있을 것이다. '나는 남들과 어울리기 힘든 사람이지만, 사람들의 기분을 맞추기 위해 최선을 다하면 그들이 나를 버리지 않을 것이다.' 여기에는 최선을 다하지 않으면 외톨이가 될 것이라는 생각이 들어 있다. '본질적으로 나는 누구의 사랑도 받을 수 없는 사람이지만, 노력하면 공동체에서 받아줄 것이다.' 여기에는 노력하지 않으면 모든 사람이 나를 버릴 것이라는 생각이 내포되어 있다.

당신이 자신을 사랑받을 수 없는 존재라고 생각하면서도 그것을 보상하기 위한 전략을 사용하지 않는다면 어떻게 될까? 당신은 있는 그대로의 당신을 좋아해주는 사람을 만날 수 있을 것이고, 실제로 당신의 가정이 틀렸다는 걸 증명하게 될 것이다.

그러나 낮은 자존감과 높은 기준은 서로 강화하고 상승시키는 작용을 한다. 만일 계속해서 보상적인 전략을 만들어 높은 기준에 맞춰 행동한다면, 당신은 끝까지 사람들이 자신을 좋아하는 건지, 아니면 당신이 그들에게 주는 도움을 좋아하는 건지 구별할 수 없을 것이다.

이런 식으로 당신은 자신이 사랑받을 수 없는 사람이라는 가정을 유효하게 만든다. 사람들이 당신을 사랑한다고 느낄 때도 그들이 있는 그대로의 자신을 사랑하는 게 아니라 자신의 높은 기준 때문에 좋아하는 거라고 생각한다.

한 내담자에게 내가 그녀를 좋은 사람으로 생각하는 것 같으냐고 묻자, 그녀는 "네, 그런 것 같아요. 하지만 그건 내가 상담료를 지불하기 때문이죠"라고 대답했다. 내담자 중에는 "상담료를 지불하면 마음이 편해요. 상담 시간에 즐겁고 재미있게 해야 한다는 부담감을 갖지 않아도 되니까요"라고 말하는 사람들도 있다.

많은 사람이 공동체에 속하기 위해 대가를 지불한다.

남들에게 주의와 관심을 기울이고, 도움을 주는 것은 그런 대가의 한 형태다. 그러나 당신이 공동체의 일원이 되기 위해 반드시 대가를 지불해야 한다고 생각하고 그렇게 행동한다면, 남들이 당신을 좋아하는 건지 아니면 당신이 베푸는 도움을 좋아하는 건지 구별할 수 없을 것이다. 이런 식으로 당신은 긍정적인 경험을 하면서도 결국 자신의 낮은 자존감을 점점 더 낮아지게 만든다.

높은 기준을 세우고 다시 자기 자신에게 실망하는 악순환은 당신의 자아의식에 부정적인 영향을 미치고, 자신이 부과한 과도한 요구 때문에 탈진하게 된다. 자기 자신을 비판하고 비난하는 성향은 당신을 더 깊은 수렁에 빠져들게 만든다.

지금 당신이 지나치게 높은 기준을 설정해 힘들어하고 있다면, 이제 그 기준치를 낮추는 방법을 찾아야 한다. 그렇지 않으면 당신은 과중한 부담에 짓눌려 허덕이는 삶에서 빠져나오지 못할 것이다.

기준을 낮추는 첫 단계는 자신의 개인적인 행동 원칙을 재검토하는 것이고, 두 번째 단계는 기준을 낮추는

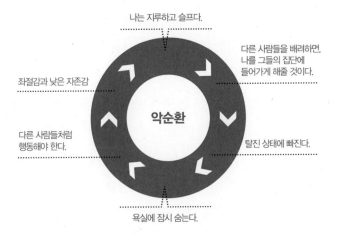

나는 지루하고 슬프다.

다른 사람들을 배려하면,
나를 그들의 집단에
들어가게 해줄 것이다.

좌절감과 낮은 자존감

악순환

다른 사람들처럼
행동해야 한다.

탈진 상태에 빠진다.

욕실에 잠시 숨는다.

훈련을 하는 것이다. 당신은 자신의 행동 원칙에 어긋나
는 행동을 해도 당신이 예상하는 그런 대참사가 일어나
지 않는다는 걸 경험해야 한다. 높은 기준에 맞춰 살지 않
아도 세상이 달라지지 않는다는 경험을 통해 완벽을 추
구하는 압박감에서 벗어나고, 더 여유로운 자아를 확장시
킬 수 있게 된다.

처음에는 불안하고 두려운 마음이 들겠지만, 기준을
낮추고 개인적인 행동 원칙을 벗어나는 행동을 시도하는
것은 즐거운 경험이다. 당신은 완벽하게 행동하지 않아도

사람들이 당신을 좋아한다는 걸 알게 될 것이고, 오히려 당신이 더 느긋하고 편하고 유쾌해져서 좋아하는 사람들도 있을 것이다.

남들에게 계속 도움을 주지 않고 마음대로 행동해도 괜찮다는 경험은 자아의식에 긍정적인 영향을 미친다. 당신은 자신의 기준을 낮춤으로써 다른 사람들과 어울릴 수 있는 에너지를 더 많이 갖게 되고, 결과적으로 긍정적인 사이클에 들어가게 된다.

기준을 낮추기 힘들 때

지금까지 삶의 대부분을 높은 대가를 지불하기 위해 살아왔다면, 그런 고리를 끊는 것이 매우 불안하고 어렵게 느껴질 것이다. 당신에게 필요한 건 아주 작은 일에서부터 그런 연습을 시작하는 것이다. 지금까지 누군가 도움을 청할 때마다 항상 "네"라고 말해왔다면, 가끔 "아니요"라고 말해보라. 아니면 "오늘 저녁에 아이를 돌봐드릴 수는 있지만, 9시까지만 가능해요. 저도 할 일이 있거든요"라고 말함으로써 당신이 제공하는 도움에 한계를 정하는 시도를 해볼 수 있다.

기준을 낮추면 남들에게 소외당하거나 버림받을 거라는 두려움이 완전히 비현실적인 우려는 아닐 수도 있다. 당신의 친구들 중에는 당신이 사려 깊고, 협조적이고, 도움이 되기 때문에 친구로 선택한 사람이 있을지도 모른다. 그런 사람들은 당신이 지금까지 주었던 도움을 제공하지 않으면 흥미를 잃을 것이다.

당신은 자기 자신에게 질문을 던져야 한다. 몇 명의 친구를 잃을 수도 있는 위험을 기꺼이 감수할 준비가 되어 있는가? 단지 이익을 주기 때문에 나에게 관심을 갖는 사람들과 계속 친구 관계를 유지하기 위해 노력해야 하는가? 친구를 잃을 수도 있는 위험을 감수하고라도 나의 우정에 편리함 외에 더 중요한 다른 요소가 있다는 걸 확인하는 게 옳은 일인가?

몇 명의 친구는 당신을 떠날지도 모른다. 그러나 모든 친구가 당신의 곁을 떠나는 일은 일어나지 않을 것이다. 오히려 당신이 주는 도움이 아니라, 있는 그대로의 당신을 인정하고 좋아하는 진정한 친구를 찾아낼 수 있을 것이다. 그것은 당신에게 진정한 자유를 선물하는 소중한 경험이 될 것이다.

버림받는 것에 대한 두려움

태어날 때부터 신경이 예민한 아이는 버림을 받거나 낯선 사람의 손에 맡겨질 때 평범한 아이들보다 훨씬 더 큰 충격을 받는다. 그리고 그런 경험은 아이의 불안 수준을 높인다.

당신은 가끔 자신이 어른이라는 사실을 완전히 인식하지 못하고, 아직도 작고 무력하고 혼자 생존할 수 없는 어린아이처럼 버림받는 것에 대한 두려움을 느낄지도 모른다. 어린아이는 어느 정도의 사랑과 보호를 받지 못하면 생존할 수 없다. 그러나 어른은 외딴 섬에서 혼자 몇십 년간 생존할 수도 있다.

당신의 어린 시절은 과거이고, 지금은 살아남았고, 이제 삶은 위험하지 않다는 사실을 인식해야 한다. 그러한 인식은 불안을 줄여줄 것이다. 그러나 불안이 당신의 몸속 깊이 뿌리를 내리고 있다면, 새로운 경험이 신경 시스템에 파고들어 내면을 변화시켜야만 불안을 없앨 수 있다. 지식은 당신을 변화시킬 수 없다. 개인적이고 실제적인 경험만이 불안을 해결할 수 있다.

"나는 더 이상 직장에서 남의 기분을 맞추기 위해 전전긍긍하지 않기로 결심했습니다. 첫 번째 실행으로 사무실 동료가 큰 소리로 통화할 때 방해가 된다고 솔직하게 말하기로 마음먹었습니다. 그런 결심을 하자 머릿속에 온갖 시나리오가 펼쳐지더군요. 동료가 화를 내며 벌떡 일어나서 상사에게 달려가 나를 다른 직원으로 바꿔달라고 요구하는 모습도 상상했습니다.

다음 날 오전 내내 말할 기회가 오기를 기다렸지만, 동료가 통화를 멈출 때마다 도저히 용기가 나지 않더군요. 점심시간에 산책을 하고 와서 심호흡을 하고 벼르고 벼

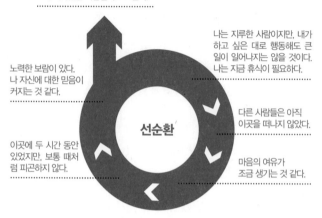

나는 내가 생각하는 것보다
더 재미있는 사람일지도 모른다.

나는 지루한 사람이지만, 내가
하고 싶은 대로 행동해도 큰
일이 일어나지는 않을 것이다.
나는 지금 휴식이 필요하다.

노력한 보람이 있다.
나 자신에 대한 믿음이
커지는 것 같다.

선순환

다른 사람들은 아직
이곳을 떠나지 않았다.

이곳에 두 시간 동안
있었지만, 보통 때처
럼 피곤하지 않다.

마음의 여유가
조금 생기는 것 같다.

르던 이야기를 꺼냈습니다. 심장이 터질 듯이 뛰어서 숨을 쉬기도 힘들더군요. 갑자기 무거운 침묵이 흐르자 나는 떨려서 고개도 들 수 없었습니다. 몇 초의 시간이 흐른 뒤 드디어 동료가 입을 열었습니다. "더 빨리 얘기해주지 그랬어. 하지만 지금이라도 해줘서 고마워"라고. 우리는 함께 해결 방법을 의논했습니다. 이 일은 내게 매우 긍정적인 경험이었습니다. 나는 그 동료를 전보다 더 좋아하게 되었고, 그 역시 그런 것 같았어요. 우리는 지금 허심탄회하게 대화를 나누는 사이가 되었습니다. 이 경험은 내게 큰 용기를 주었습니다. 집에 돌아가서 남편에게도 밤중에 갑자기 일어나 불을 켜는 게 내게 얼마나 방해가 되는지 솔직하게 말할 수 있었습니다."

-리너, 43세

당신의 행동 규칙 중에서 자신을 힘들게 하고 제한하는 것들을 개선하기 위해 노력해야 한다. 그런 노력은 엄격한 규칙으로 자기 자신을 옭아매지 않고, 더 많은 선택권을 갖고, 진정한 자기 자신의 모습으로 살아가는 여유를 갖도록 도와줄 것이다.

지금 그대로도 괜찮다

많은 사람이 다른 사람들에게 버림받을 위험을 감수할 용기를 내기까지 평생을 기다린다. 그러나 자신감이 생기기 전에 먼저 위험을 감수하는 것이 더 빠른 방법이다. 자신감은 그 후에 따라온다. 물론 그것은 허공에 몸을 던지는 것처럼 두렵게 느껴지는 모험일 것이다.

당신이 사랑받을 자격을 갖추기 위해 지금까지 최선을 다해 살아왔다면, 이제 그런 노력을 멈춰야 한다. 지금까지 남들이 싫어한다고 생각하는 당신의 일면을 감추기 위해 전전긍긍했다면, 이제 그런 노력을 포기해야 한다.

당신의 깊은 내면은 당신이 사랑받을 만한 자격이 있다는 걸 증명하지 않고서도 있는 그대로 사랑받기를 갈망한다. 그 꿈을 실현하기 위해 필요한 첫 번째 조건은 용감하게 있는 그대로의 모습을 사람들에게 보여주는 것이다. 물론 사람들이 그 모습을 보고 비명을 지르면서 달아나지는 않을까 두려울 것이다. 그러나 이제 자신의 실제 모습이 아닌 껍데기는 벗어버려야 한다.

상처받을 수도 있는 일에 자신을 노출시키는 것은 당연히 두렵고 떨리는 일이다. 그러나 사람들이 당신의 곁에서 달아나는지 머무르는지 지켜보는 모험은 해볼 만한 가치가 있다. 그중에는 당신의 곁을 영원히 떠나는 사람들도 있을 것이다. 아니면 달아나지도 않고 곁에 더 가까이 다가오지도 않고 그냥 그 자리에 머물러 있는 사람들도 있을 것이다.

남들이 기대하는 모습에 맞추기 위한 노력을 포기하고 본연의 모습을 보여줄 때 새롭고 긍정적인 경험을 하게 된다. 완벽하지 않은 모습을 보여도 사람들이 당신을 그룹이나 공동체에서 소외시키지 않고 여전히 좋아한다는 걸 알게 될 것이다. 그것은 두려움을 없애주는 해독제 같은 역할을 한다. 당신은 자신의 진정한 모습 그대로 살아갈 용기를 얻고, 다른 사람들과 더 오랜 시간 즐겁게 어울리면서 더 많은 에너지를 쏟을 수 있을 것이다.

─────────────── 3장

타인보다
조금
느린
삶

나에게 집중하는 시간

당신이 남들보다 민감한 성향을 가지고 있다면, 자신의 민감성을 즐길 수 있는 시간을 할애해야 한다. 정말 하고 싶은 일에 대해 "아니요"라고 말할 때, 당신은 자신에게 매우 귀중한 것을 잃어버리게 된다. 그러므로 민감한 성향이 가지고 있는 장점을 충분히 즐길 수 있는 시간을 만들지 않으면, 평소에 느끼는 상실감을 감당할 수 없을 것이다. 다음과 같이 개인적인 선호도에 따라 시간을 분배해보자.

- 자연을 즐기는 시간

- 창조적인 일에 몰두하는 시간

- 조용히 앉아서 사색하는 시간

- 몸에 유익한 활동을 하는 시간
  : 달리기, 춤추기, 마사지, 수영, 목욕이나 족욕

- 감각을 즐겁게 하는 시간
  : 아름답고, 좋아하는 향을 지닌 꽃을 산다. 맛있는 음식을 먹는다.
  좋아하는 음악을 듣는다. 주변에 보면서 즐길 수 있는 물건을 둔다.

- 동물들과 보내는 시간

- 일기나 시, 책을 쓰는 시간

- 예술 작품을 감상하거나 만드는 시간

- 사람들과 의미 있고 깊은 관계를 맺는 시간

이 책 끝에 있는 민감한 사람들을 행복하고 풍요롭게 만드는 '활동 목록'을 참조하라. 당신에게 유익한 일을 할 시간을 주기 위해 어떤 것에 대해 "아니요"라고 말할 수 있어야 한다.

한계를 인정하라 _____

"아니요"라는 말을 지혜롭게 사용하는 것은 중요한 전략이다. 한계를 설정하는 일이 어렵게 느껴진다면 반드시 "아니요"라고 말하는 법을 배워야 한다. 그렇지 않으면 항상 과도한 자극에 짓눌려 힘든 삶을 살 수밖에 없다.

남들보다 민감한 사람들은 한계를 설정하는 일을 어렵게 느낀다. 그들의 인내의 한계점이 다른 사람들보다 낮기 때문이다. 다른 사람은 쉽게 처리할 수 있는 일이 그들에게는 어려운 일이 될 수 있다.

"나는 두 달에 한 번 200킬로미터 정도 떨어진 곳에 살고 있는 친구를 만납니다. 우리가 만나는 장소는 항상 내 집입니다. 만일 내가 친구의 집까지 운전을 하고 가야 한다면 도착하자마자 기진맥진해서 아무 일도 하지 못할 겁니다.

반면 내 친구는 운전하는 것도 좋아하고 여행을 즐깁니다. 우리는 보통 세 시간 정도 함께 시간을 보내는데, 나는 중간에 휴식 시간을 가져야 합니다. 그런데 가끔 잊어버리고 그 이야기를 하지 않을 때가 있어요. 친구는 아침 일찍 일어나서 우리 집까지 운전하고 왔는데도 휴식 시간이 필요하지 않습니다. 그래서 나도 휴식 시간이 필요하지 않다고 스스로 주문을 겁니다. 문제는 휴식 시간이 없으면 우리가 만나는 시간 중에서 마지막 30분 동안 내가 주의를 집중하지 못한다는 거예요. 내 신경이 자극을 많이 받아서 더 이상 대화에 집중할 수 없게 됩니다."

-리스, 45세

당신은 다른 사람들에게 방해가 되는 걸 원하지 않지만, 한편으로는 자신의 민감한 성격에 주의를 기울여야 한다. 그렇지 않으면 과도한 자극을 받거나 병이 나서 남들에게 더 큰 방해가 될 수도 있기 때문이다. 당신은 종종 이런 딜레마에 부딪힐 것이다. 그럴 때마다 상대방에게 솔직히 이야기하는 것도 좋은 방법이다.

"당신의 기분을 상하게 하고 싶지는 않지만, 너무 피곤해서 대화에 더 이상 집중하기 힘듭니다. 이제 당신이 가는 게 좋을 것 같습니다."

"더 머무르고 싶지만 너무 피곤해서 집에 돌아가 쉬어야 할 것 같습니다. 그렇지 않으면 내일 할 일을 제대로 할 수 없을 것 같아요."

"흥미로운 대화를 중단하고 싶지는 않지만, 내가 덜 피곤할 때 대화를 계속하는 게 좋을 것 같습니다."

당신은 아마도 모든 사람이 만족할 만한 최선의 해결책을 찾기 위해 많은 에너지를 소모할 것이다. 그러다가 결국 너무 지쳐서 아무에게도 설명하지 않고 누구도 눈치 채지 못하게 뒷문으로 빠져나올지도 모른다.

당신이 느끼는 딜레마를 사람들에게 명확하게 설명하라. 그러면 문제가 저절로 해결될 것이다. 사람들은 오히려 당신의 결정에 그들의 의견이 반영되었다고 만족해할지도 모른다.

휴식을 요구하라

우리는 손님을 환대하는 것을 예의로 여기는 문화에서 성장했다. 손님이 집을 방문하면 대개의 경우 그들이 돌아가기로 결정할 때까지 계속 다과를 내놓고 대화를 나눈다. 대부분의 사람이 민감한 사람들보다 사교적인 모임을 훨씬 더 오래 즐기기 때문에 우리는 모임 시간이 길어질 때 덫에 갇힌 것 같은 암담한 느낌에 빠진다. 극도로 민감한 사람들 중에는 손님이 너무 오래 머물러서 자신이 탈진하게 될까 봐 아예 손님을 초대하지 않는 사람도 있다.

나는 방문한 사람들의 시간을 조정하는 방법에 익숙하다. 그것은 몇 년간의 연습과 훈련의 결과로 얻은 성과다. 나에 대해 잘 아는 사람들은 내가 쉽게 자극을 받고 피로해진다는 걸 알기 때문에 오래 함께 시간을 보낼 때는 자연스럽게 각자 방에 들어가 짧은 휴식 시간을 갖는다. 그러나 때로는 나의 그런 특성을 이야기할 때 용기가 필요한 경우도 있다. 어떤 때는 나 자신이나 다른 사람들에게 내게 휴식 시간이 필요하지 않다고 확신시킨다. 그러나 결국 나 자신을 돌보지 않은 대가를 치르게 된다. 방문한 사람들에게 끝까지 집중하지 못하거나 다음 날 너무 피곤해서 일을 제대로 처리할 수 없게 되는 것이다.

사람들에게 당신이 쉽게 피곤을 느끼는 체질이라고 말하고, 그들과 함께 보내는 시간을 제한하거나, 시간이 길어지면 중간에 휴식 시간을 갖는 게 좋겠다고 말하라. 그런 용기를 낼 때 당신은 지금보다 훨씬 더 사람들의 방문을 즐기게 될 것이다.

어쩔 수 없이 포기해야 하는 것들 ────

좋아하는 것에 대해 "아니요"라고 말하는 것은 예민한 사람에게는 특별히 어려운 일이다. 당신은 오랫동안 남들이 하는 일을 자신은 하지 못한다는 생각에 스스로 책망하며 살아왔을 것이다. 그리고 신경을 자극하는 모임에 참석하기 싫어하는 자신에게 화가 났을 것이다. 아니면 한계를 인정하지 않고 남들처럼 행동할 수 있다고 억지로 믿고 싶어 할지도 모른다.

"나는 가끔 내게 벅차다는 걸 알면서도 어떤 일을 하는데 동의합니다. 다른 사람들이 할 수 있는 일을 내가 할수 없다는 사실을 받아들이기 힘들어서죠. 어떤 일을 취소해야 하는 경우가 생기면 심한 죄책감을 느낍니다. 힘들어도 거절하지 못해서 너무 피곤하고, 얼굴이 창백해지고, 사람들과 제대로 대화를 나누지 못할 때도 있어요. 겉으로는 아무렇지 않은 척하지만 며칠 동안 너무 피곤하고 우울합니다."

-헬르, 57세

당신이 자기 자신이나 다른 사람에게 화를 내고 있다면, 아직도 무언가와 싸우고 있다는 걸 인식해야 한다. 또 자신이 할 수 있는 일에 한계가 있다는 사실을 받아들여야 한다. 그럴 때 분노는 슬픔의 감정으로 바뀐다. 그것은 당신이 하고 싶지만 어쩔 수 없이 포기해야 하는 것들에 대한 슬픔이다.

마틴은 예민한 사람들이 때때로 느끼는 심한 외로움을 이렇게 표현한다.

"나는 점점 더 많은 것에 대해서 '아니요'라고 말합니다. 그리고 너무 힘든 상황에 더 이상 개입하지 않습니다. 그렇게 하면서부터 마음이 훨씬 편해졌지만, 한편으로는 심한 외로움을 느끼기도 합니다. 직장에서 웃으며 대화를 나누고 있는 동료들의 옆을 지나갈 때면 뭔가 잃어버린 것 같은 기분이 들어요. 나도 그들의 대화에 끼고 싶다는 생각을 합니다."

-마틴, 40세

자신의 민감성에 대해 더 많이 인식할 때 당신은 한동안 피로감과 슬픔의 감정에 빠지게 될 것이다. 다른 사람들처럼 강한 사람이 되고 싶었던 지난날의 꿈을 포기하는 데는 시간이 필요하다. 그러나 한쪽 문이 닫히면 반드시 다른 문이 열리는 게 인생이다. 때로는 더 많은 문이

열리기도 한다.

대부분의 사람처럼 강하고 활기찬 사람이 되기 위한 노력을 포기할 때 예민한 자기 자신을 수용하고 자신의 욕구를 충족시키는 삶을 살아갈 수 있다. 당신은 끊임없는 압박감에 시달리면서 분주한 생활 방식과 무감각한 주위 환경에 대응하지 않고서도 충분히 행복해질 수 있다는 걸 깨달아야 한다. 남들보다 민감한 사람들은 스스로 자양분을 공급하며 성공적으로 살아갈 수 있는 능력을 가지고 있기 때문이다.

불필요한 인풋을 차단하는 방법

우리는 외부적인 자극뿐 아니라 내면적인 자극을 받는다. 자신의 생각과 꿈에 의해서도 과도한 자극을 받을 수 있다. 외부적인 자극의 80퍼센트를 차지하는 인풋은 눈을 통해서 들어오기 때문에 단지 눈을 감는 것만으로도 많은 자극을 피할 수 있다. 하루 중에서 당신이 눈을 감아도 되는 시간을 구체적으로 정하고 시각적인 자극을 피하라. 눈을 감기 싫으면 움직이지 않는 것이나 중립적인 것을 찾아 시선을 고정시킴으로써 눈의 피로를 줄일 수 있다. 예를 들어 버스나 기차를 타고 있을 때, 다른 사람들이 보고 있어서 텔레비전을 끌 수 없을 때는 눈을 감는 게 좋다. 눈을 통해 들어오는 인풋의 양을 제한하기 위해 모자를 쓰거나 선글라스를 끼거나 커다란 우산을 이용하는 것도 한 가지 방법이다.

외부로부터 들어오는 청각적인 자극은 귀마개를 하거나 헤드폰을 끼고 음악을 듣는 방법으로 제한할 수 있다. 아이팟은 내게는 정말 유용한 발명품이다. 나는 항상 아이팟을 가지고 다니면서 방해가 되는 소리를 차단하는 데 사용한다. 누군가 옆에서 전화 통화를 시작하면, 음악을 들으면서 그 소리를 차단한다.

나는 강연을 시작하기 5분 전에 항상 음악을 듣는다. 나를 완전히 음악에 맡기고 마음의 평안을 찾는다. 음악은 나를 깊은 내면과 연결시켜준다. 언젠가 헤드폰을 잃어버린 적이 있었는데, 그때 음악을 듣는 것과 듣지 않는 것이 얼마나 큰 차이를 만드는지 깨달았다. 음악을 듣지 못했을 때의 나는 평소와 매우 달랐다. 강연을 시작하기 전 5분 동안 나누었던 단편적인 대화가 의식 속에 계속 남아 있어서 나 자신과 깊이 연결될 수 없었고, 강연에 집중하기 힘들었다.

우리는 많은 소음이 자신에게 얼마나 큰 영향을 미치는지 인식하지 못하다가 뒤늦게 깨닫는 경우가 많다. 언젠가 혼잡한 카페에서 사람을 만난 적이 있었다. 나는 소음을 차단하고 상대방에게 완전히 집중하고 있다고 생각했지만, 밖에 나와서 신선한 바람을 쐬자 그제야 잔뜩 움츠리고 있던 내면의 긴장이 풀어지는 걸 느꼈다. 그리고 얼마 지나지 않아서 극심한 피로감이 몰려들었다.

"전에는 별로 중요하게 생각하지 않았는데, 선글라스를 끼고 헤드폰을 사용하기 시작한 후로는 몇 시간씩 길을 걸어 다녀도 예전처럼 피곤하지 않다는 걸 느꼈습니다."

-한스, 33세

내면을 정비하는 무위의 시간 _____

당신은 과도한 자극을 받았을 때 침대에 누워서 잠을 자는 방법으로 도피하고 싶은 유혹을 느낄 것이다. 그러나 그것은 당신의 귀중한 삶을 낭비하는 것밖에 안 된다. 잠이 부족할 때는 당연히 잠을 자야 하지만, 과도한 자극을 받았을 때 수면은 도움이 되지 않는다. 자극적인 꿈을 꾸면 오히려 더 큰 영향을 받는다.

많은 민감한 사람이 과도한 자극을 받은 상태로 잠자리에 들면 숙면을 취하지 못한다고 호소한다. 그럴 때는 잠들기 전에 내적으로 평온한 상태를 만드는 게 매우 중요하다.

"매일 밤 나는 잠자리에 들기 전에 잠시 글을 쓰거나 그림을 그립니다. 그렇게 하면 나의 하루와 나 자신에 대해 안정감을 느끼고 숙면을 취할 수 있습니다."

-리타, 70세

바른 자세는 인풋과 인상을 분류하는 과정에 도움을 준다. 이것은 누워 있을 때나 반쯤 잠이 든 상태에서는 하기 힘든 일이다. 과도한 자극을 받았거나 당황한 상태에서는 아무 일도 하지 않고 조용히 앉아 있는 게 좋다.

나는 자신을 재정비하는 이 시간을 '무위(無爲)의 시간'이라고 부른다. 당신에게 이 시간은 반드시 유쾌한 시간이 아닐 수도 있고, 빨리 흘려보내고 싶은 시간일지도 모른다. 하지만 다음 날이 되면 그 시간이 긍정적인 영향을 주었다는 걸 느낄 수 있을 것이다.

무위의 시간에 완전히 수동적인 태도를 취할 필요는 없다. 중요한 건 당신의 집중력이 휴식을 취하게 하는 것이다. 모든 에너지를 내부에 집중시키고, 어떤 인풋도 흡수하지 말고 이미 받아들인 인풋이 내면에서 분류되고 자리를 잡게 하라. 설거지나 운동 같은 일상적인 활동을 하면서 무위의 시간을 보낼 수도 있다. 그 시간에 아무 것도 하지 않고 있는 것처럼 느껴질지 모르지만, 더 깊고 은밀한 내면에서는 많은 일이 일어나고 있다. 나중에 당신은 새로운 에너지로 가득 찬 자신을 느낄 수 있을 것이다.

극도로 민감하고 예민한 사람들은 힘든 하루를 맞이하기 전에 무위의 시간을 갖는 게 도움이 된다. 나는 심리 치료 훈련 과정을 시작하기 하루 전날 무위의 시간을 갖는다. 그 전에 처리되지 못한 인풋으로 가득 찬 머릿속을 청소해야 하기 때문이다.

낮잠 자는 시간이 아깝다고 생각하는 사람도 있을지 모르지만, 낮잠은 기력을 회복할 수 있는 좋은 수단이다. 그러나 낮에 30분 이상 자면 깊은 수면 단계로 들어가기 때문에 깨고 나서 머리가 멍하고 혼란스러워진다. 다시 완전히 명료한 정신 상태로 돌아가려면 상당한 시간과 노력이 필요하다. 낮잠을 잘 때는 반드시 알람을 맞춰 놓는 게 좋다.

기분 좋은 스킨십

민감한 사람들은 대부분 물을 좋아한다. 물을 마시거나, 물가를 거닐거나, 목욕을 하거나, 수영을 하거나, 물을 가까이하는 것은 매우 유익하다. 나는 거의 매일 족욕을 하고 오일로 발을 마사지한다. 이 방법은 긴장을 풀고 숙면하는 데 도움이 된다. 특히 잠자리에 들기 직전에 족욕을 하면 숙면을 취할 수 있다.

신체 접촉은 당신의 불안과 과도한 자극을 줄여줄 것이다. 불안하거나 초조할 때 발을 마사지하면 도움이 된다. 자신의 몸과 기분 좋은 접촉을 하는 방법은 달리기, 춤추기, 긴장 이완 훈련, 심상 훈련 등 여러 가지가 있다. 의식적으로 호흡을 조절하는 운동은 예민한 사람들에게 특히 도움이 된다.

"나는 신경이 예민해져서 사람들과 어울리기 힘들 때 운동을 하면서 시간을 보냅니다. 거실 바닥에서 운동할 때도 있어요. 그러면 내 몸과 조화로운 상태를 유지하고, 시간을 낭비하고 있지 않다는 위안을 느낍니다. 단단해진 팔뚝을 보면 뿌듯한 기분이 들죠."

─엔스, 45세

또 외부로부터 받아들인 인상이 과도한 자극을 줄 때는 여러 가지 방법으로 자신을 표현하는 게 좋다. 상대방이 당신의 말을 전혀 듣지 않고 혼자 말을 너무 많이 하면 당신은 훨씬 더 빨리 피곤을 느끼게 될 것이다. 그러므로 함께 시간을 보낼 사람을 분별해서 선택해야 한다.

당신의 생각을 표현하지 않고 일방적으로 상대방의 말을 들어야 하는 상황은 피하는 게 좋다. 예민한 사람들은 일기를 쓰거나 음악이나 미술 활동을 통해 자기 자신을 표현함으로써 도움을 받는 경우가 많다.

생각의 꼬리를 끊는 방법

만일 당신이 부정적인 사고의 패턴을 갖고 있다면, 자기 자신을 비난하는 생각 때문에 자극을 받기 쉽다. 그런 경우 인지기법(cognitive technique)을 활용해서 생각을 통제할 수 있다. 7장을 보면 인지기법에 대해 더 자세히 알 수 있을 것이다.

먼저 당신의 머릿속에서 떠나지 않는 생각을 계속 지켜보는 훈련을 해야 한다. 나는 내게 도움이 되지 않고 부담만 가중시키는 생각을 하면서 시간을 낭비하고 있다는 게 인식되면 적극적으로 그 생각의 꼬리를 끊는다.

예를 들어 지하실에서 이상한 소리가 들리면, 나는 그 순간 지하실에 내려가 강도를 만나는 장면을 상상하기 시작한다. 그러면 그 상황을 처리하는 장면에 대한 온갖 상상력이 발동한다. 그럴 때 갑자기 나는 내 머릿속에서 일어나고 있는 일들을 인식하고, 내 몸이 긴장하고 있다는 걸 알아차린다. 휴식을 취하고 있을 때 그런 상상력이 발동하면 더 힘든 상황이 된다. 내면에서 내 신경을 자극하는 불필요한 활동이 벌어지고 있다는 걸 인식한 순간, 나는 그런 상상을 펼치고 강도로부터 나를 구하려는 의식에 감사하고 생각을 멈춘다. 때로는 더 적절하고 긍정적인 방향으로 생각을 전환하기 위해 빠른 결말을 상상하기도 한다.

남에게 인정받는 건 중요하지 않다 _____

자신이 '매우 민감하다'는 사실을 누구에게 말해야 할까? 나는 강연할 때 이런 질문을 자주 던진다.

가까운 사람들에게는 당신이 남들보다 민감하다는 사실을 말하는 게 좋다. 직장에서 자신이 민감한 성격이라는 사실을 이야기했을 때 긍정적인 반응을 얻은 사람들도 있다. 그들은 상사가 이전보다 더 이해하고 배려해주는 태도를 보였다고 말한다. 그러나 상대방이 당신의 말을 진지하게 들어주지 않거나, 민감한 성격을 마치 무슨 정신적인 질병처럼 생각하거나, 자신에게 맡겨진 업무를 회피하려는 의도로 받아들이는 경우도 있다.

나는 나 자신에 대해 이야기할 때 '매우 민감하다'라는 표현을 거의 쓰지 않는다. 내가 원하는 것과 잘하는 것, 잘 못하는 것에 대해 이야기한다. 사람들이 내가 민감한 성격의 소유자로서 가지고 있는 특별한 재능과 한계를 알아주는 것은 중요하지 않다. 그보다 중요한 것은 내가 그 사실을 알고 있고, 또 나와 비슷한 사람들이 있다는 것을 알고 있다는 점이다. 이것이 당당하게 나 자신으로 살아갈 용기를 낼 수 있는 이유다. 비록 내 행동 방식을 이해하지 못하는 사람들이 많다고 해도.

_____ 4장

관계의
깊이를
만드는
능력

모든 관계에 에너지를 쏟지 마라 _____

　　남들보다 민감하고 예민한 사람들은 실제로 소모적
이고 과도한 자극을 주는 대화에 쉽게 빠져든다. 그들은
상대방에게 친절하고, 배려 깊고, 수용적인 사람이 되려
고 노력한다. 당신은 천성적으로 타인의 상황에 공감하려
는 마음을 가지고 있을 것이다. 민감한 사람들이 공통적
으로 갖고 있는 이런 능력은 자기 문제를 남에게 떠맡기
려는 사람들에게 매력적으로 느껴진다.

　　그러나 그런 관계를 오래 이어 가면 얼마 지나지 않
아서 사회적인 에너지는 바닥을 드러내고 말 것이다. 그
러므로 당신은 남들의 이야기를 들어주기 위해 사용하는

시간, 대화를 나누는 사람들의 성격 유형을 현명하게 분별해야 한다. 당신의 에너지 수준은 한정되어 있기 때문에 의미 있고 보상받을 수 있는 관계에 그 에너지를 사용해야 한다.

남들보다 민감한 사람들은 타인과 깊이 있고 밀도 있는 관계를 맺는 능력을 가지고 있다. 민감한 사람들끼리 함께 있을 때 그들은 다른 사람들보다 더 친밀하고 깊은 관계를 형성한다. 그런 만남은 우리의 에너지를 고갈시키지 않고 오히려 에너지를 공급해준다. 혼자 시간을 보내며 에너지를 충전하는 것을 좋아하는 내향적인 사람들도 이런 관계 속에서는 에너지를 공급받을 수 있다.

상대의 말에 압도당하지 않으려면

나는 가끔 사람들과 대화할 때 쏟아져 나오는 말의 강물 속에 익사해버릴 것 같은 느낌에 사로잡힌다. 그들에게 휴식 시간을 요구하지 않으면 나는 그들이 하는 말을 흡수할 수 없게 된다. 말의 강물 속에 빠지지 않고 떠 있기 위해 안간힘을 쓰며 버틸 수밖에 없다.

당신은 대화를 나누다가 완전히 압도당해서 사방이 꽉 막힌 곳에 갇혀 출구를 찾지 못하는 막막한 기분을 느낀 경험이 있을 것이다. 그럴 때 당신에게 필요한 것은 자기 자신에게 채널을 맞추고, 어떤 말과 어떤 행동을 하는 것이 좋을지 침착하게 생각하고 출구를 찾는 것이다.

다음의 몇 가지 전략이 도움이 될 것이다. 상대방에게 "잠깐만 시간을 주세요"라고 부드럽지만 단호한 어조로 말한다. 아니면 시선을 아래로 내리는 제스처를 할 수도 있다. 그런 몸짓은 당신이 내면에 초점을 맞추고 있다는 걸 보여준다. 상대방이 다시 이야기를 시작하면 손을 들고 "잠깐만 기다려주세요"라고 말하면 된다. "지금 들은 이야기를 생각할 시간이 필요해요" 또는 "내 생각을 정리할 시간이 필요해요. 다시 들을 준비가 되면 알려줄게요"라고 덧붙여도 된다. "미안하지만 지금 집중력이 떨어지는 것 같아요"라고 말할 수도 있다. 불편한 감정을 느낄 때는 "우리 사이에 뭔가 불편한 게 있는 것 같아요.

그게 뭔지 파악할 시간이 필요해요"라고 말한다(이것은 좀 더 발전한 단계로 서로 깊은 관계를 맺기 원하는 사이에서만 적용되는 방법 이다). 피곤해질 것 같은 시간에 맞춰 알람을 설정해 놓는 것도 좋다. 알람이 울리면 상대방에게 곧 그 장소를 떠나야 할 것 같다고 말한다.

자신의 생각과 느낌을 말로 표현할 때 상대방이 그 말을 어떻게 이해했는지 알려면 피드백이 필요하다. 피드백은 다른 사람들의 생각을 진지하게 파악하기 원하는 사람에게 특히 중요하다. 또 피드백은 상호 간의 이해를 깊게 한다는 점에서도 중요한 역할을 한다. 일기장에 당신의 생각을 적는 것도 좋은 방법이다. 자신의 생각을 표현하고 아무런 피드백을 받지 못하면, 에너지를 낭비했다는 허탈함을 느끼게 될 것이다.

반대 상황에서도 역시 피드백이 필요하다. 상대방의 말을 들으면 당신도 피드백을 해야 한다. 주로 듣는 역할을 하는 민감한 사람들에게는 피드백이 특히 중요하다. 생각을 말로 표현함으로써 과도한 스트레스를 줄일 수 있기 때문이다. 상대방의 말을 들을 때 잠시 그의 말을 멈추게 하고, 그 말에 대한 당신의 생각과 느낌을 설명할 기회를 만들어야 한다. 생각을 표현하지 않고 계속 듣기만 하면 뭔가 할 일이 밀려 있는 것 같은 답답함을 느끼게 될 것이다.

감정에도 소통이 필요하다

당신이 매우 개인적인 이야기를 했다면, 상대방의 반응이 더 궁금해질 것이다. 예를 들어 상대방에게 몹시 피곤하고 우울하다고 말했다고 하자. 상대가 "정말 피곤해 보이네요" 또는 "굉장히 솔직하시네요"라고 말하면 별 문제가 없지만, 아무 말도 하지 않을 때는 "지금 내 모습이 어떻게 보이나요?"라고 물어보면 된다. 당신이 듣는 입장이라면 상대방이 자신의 기분을 말할 때 "당신이 지금 어떻게 보이는지 말해드릴까요?"라고 물어보자.

나는 심리치료 훈련 참가자들에게 집에 돌아가서 적어도 세 명의 사람에게 "나에 대해 어떤 인상을 받았나요?"라는 질문을 하라는 과제를 낸다. 대부분의 참가자는 멋진 경험이었다면서 자기 자신에 대해 자신감을 갖게 되었고, 이전보다 행복해졌다고 말한다. 근래에 경험한 일 중에서 가장 좋은 경험이었다고 말하는 참가자도 있었다. 그러나 부정적인 답변을 듣고 걱정하는 사람도 있고, 더 많은 사람에게 물어보고 자신에 대한 그들의 느낌과 생각을 알아보고 싶다고 말한 참가자도 있다.

남들이 보는 나와 실제의 나 사이에 간격이 좁아질수록 우리는 세상을 더 편하게 살아갈 수 있다. 민감한 사람들 중에는 상대방에게 피드백을 듣는 것을 두려워하는 사람도 있다. 그들은 그런 질문을 하면 상대방이 자신을 소심하고, 남의 평가에 집착하는 사람으로 여길 거라고 생각한다. 나는 그럴 때 심리치료 강사가 세 명의 사람에게 질문하라는 과제를 내줬다고 말하라고 조언한다. 그리고 그들이 당신에 대해 어떤 인상을 갖고 있는지 물어보라고 한다.

두 번째로 당신이 원하는 반응은 공감이다. 당신은 상대가 내 상황을 이해하고 공감하는지 확인하고 싶어

한다. 상대방이 당신의 내면에서 일어나고 있는 일에 감정을 이입하고 공감하는 표현을 할 때 위안을 받는다. 예를 들어 상대가 "나도 그런 감정을 느끼면 정말 힘들 것 같아요"라거나 "내가 그런 감정을 느꼈다면 도저히 참지 못했을 거예요. 어떻게든 상황을 바꾸려고 했겠죠"라고 말한다면, 당신은 "맞아요. 정말 그랬어요"라고 하면서 한숨을 내쉴지도 모른다. 우리는 누군가가 감정을 이해해줄 때 큰 위로를 받는다.

상대방이 당신의 감정을 정확하게 이해하지 못할 수도 있다. 그럴 때는 "내가 느꼈던 건 그런 감정이 아니었어요"라고 말하면 된다. 그러나 상대가 당신을 이해하기 위해 노력했다는 것만으로도 위로를 받을 수 있다. 상대방이 그런 대화를 시작하지 않으면 당신이 먼저 "그때 내 기분이 어땠을 것 같아요?"라고 물어보면 된다. 상대방의 감정에 공감하고 싶으면 "정말 화가 났었겠네요"라고 말하면 된다.

세 번째로 당신은 상대방이 내 말을 듣고 어떤 생각을 하고, 어떻게 느꼈는지 확인하고 싶을 것이다. 상대가

기뻤는지, 화가 났는지 표현하지 않을 때는 "내 말을 듣고 어떤 생각이 들었나요?" 또는 "내 말이 어떤 영향을 주었나요?"라고 물어볼 수 있다.

네 번째는 상대방이 당신에게 자세한 질문을 해주기를 바랄 것이다. 상대가 만약 "그 일에 대해 더 이야기해줄 수 있어요?"라고 말하지 않으면 "지금 내가 한 말에 대해서 궁금한 걸 질문해주시겠어요?"라고 말하면 된다. 반대 상황에서는 "내가 질문을 해도 괜찮을까요? 아니면 내가 질문하는 게 방해가 될까요?"라고 물어보면 된다.

다섯 번째로 당신은 상대방이 내 말을 제대로 들었는지 확인하고 싶을 것이다. 이것은 사소하지만 매우 중요한 일이다. 대화 도중에 상대방이 당신의 말을 잘 들었는지, 어떻게 이해했는지 확인할 필요가 있다. 그럴 때 "내가 방금 한 이야기를 다시 내게 말해줄 수 있나요?"라고 물어보자. 당신이 듣는 입장이라면 "방금 한 이야기를 내가 정확하게 이해했는지 알고 싶지 않으세요?"라고 말하자.

부부 상담을 할 때 나는 한 사람이 이야기를 하고 들

은 사람이 그 이야기를 다시 상대방에게 들려주는 연습을 하게 한다. 이것은 사소한 방법처럼 보일지 모르지만, 당사자인 부부에게는 굉장히 큰 영향을 준다. 당신이 배우자에게 중요한 말을 하고 그 배우자가 당신에게 그 말을 다시 들려주는 과정은 소통 불능의 사이클을 깨뜨리는 중요한 계기가 될 수 있다. 그런 방법으로 배우자가 당신의 말을 제대로 들었다는 걸 확인할 수 있기 때문이다.

상담 치료를 할 때 나는 종종 내담자가 한 말을 다시 그들에게 들려주는 방법을 사용한다. 이것은 대화의 속도를 조절하고, 내담자가 털어놓기 힘든 이야기를 했을 때나 정확하게 이해할 필요가 있을 때 유용한 방법이다.

원하는 질문의 유형을 파악하면 듣고 싶은 대답의 유형도 알 수 있다. 그러기 위해서는 당신이 듣고 싶은 대답을 유도하는 질문을 하고, 상대방에게 피드백을 할 시간을 요구하는 연습을 해야 한다. 이런 방법으로 일방적인 강의나 독백을 듣는 답답한 상황을 개선하고, 서로 자연스럽게 대화다운 대화를 이끌어나갈 수 있다.

많은 사람이 이런 대화 방식을 어렵게 느낀다. 그렇

⚥ 상대방이 어떤 인상을 받았는지 알고 싶을 때

"내게서 어떤 인상을 받았나요?"
"내가 당신에게 어떤 인상을 받았는지 이야기해도 될까요?"

⚥ 공감을 원할 때

"당신이 내 입장이라면 어떨 것 같아요?"
"내가 당신의 입장이라면 정말 슬플 것 같아요."

⚥ 생각과 감정을 공유할 때

"내가 방금 한 말이 당신에게 어떤 영향을 주었나요?"
"이 문제에 대한 내 생각과 느낌을 이야기해도 될까요?"

⚥ 자세한 설명을 유도할 때

"내가 방금 당신에게 한 이야기에 대해 질문을 해주면 도움
이 될 것 같아요."
"당신이 방금 내게 한 이야기에 대해서 질문해도 될까요? 아
니면 당신이 말하는 동안 방해하지 않는 게 좋을까요?"

⚥ 내 말을 정확히 들었는지 확인할 때

"내가 당신에게 한 말을 다시 내게 들려주시겠어요?"
"당신이 한 말을 내가 다시 해볼게요. 그러면 내가 정확하게
이해했는지 확인할 수 있을 것 같아요."

기 때문에 익숙해질 때까지 많은 연습이 필요하다. 물론 모든 관계에서 이런 방법을 사용할 수 있는 것은 아니다.

깊은 대화와 가벼운 대화의 균형

민감한 사람들은 상대방과 깊은 대화를 나누기를 원한다. 당신은 피상적인 대화가 지속되면 지루하고 피곤할 것이다. 그런데도 당신은 예의를 차리기 위해서 대화에 관심을 보이고, 집중하느라 불필요한 에너지를 낭비하게 된다. 반대로 깊은 대화를 다시 가벼운 주제로 옮기는 방법도 알아야 한다. 피곤해져서 더 이상 대화에 집중하기 힘들 때는 더 깊은 대화로 들어가는 것을 피하는 게 좋다.

대화를 깊은 단계로 끌어가는 가장 간단한 방법은 아무 말도 하지 않고 듣기만 하는 것이다. 침묵은 깊이의 공간을 만들어낸다. 내담자와 상담할 때 한참 침묵하면, 다음 대화가 더 깊은 단계로 들어가는 경우가 많다. 그러나 대화 도중에 공백이 생기면 불편해하고, 말을 더 빨리 이어가는 사람도 있다. 그럴 때는 침묵이 깊이의 공간을 만들지 못하고 오히려 대화를 더 일관성 없고 피상적인 단계에 머물게 한다.

당신은 상대방에게 "이 문제에 대해 더 이야기해주시겠어요?"라고 말할 수 있다. 상대방이 계속 피상적인 대화를 이어가면, 그 대화의 주제에 대해 실제적인 질문을 하면 된다. 대화가 구체적인 내용으로 이어지면 상대방도 대화에 더 몰입하게 된다. 예를 들어 내가 "모두들 나에게는 관심이 없는 것 같아요"라고 말했을 때 상대방이 "어떤 일 때문에 그런 생각을 하게 됐나요?"라고 대답하면 "어제 친구에게 전화해서 내게 일어난 일을 이야기했는데, 그 친구는 그 일에 전혀 관심이 없더라고요" 하면서 구체적인 대화를 나눌 수 있다. 이런 대화는 내가 무관심한 친구에게 느꼈던 감정을 다시 떠올리고 처리하는 데 도움을 준다. 일반화시키는 대화는 감정을 차단하지만, 구체적인 대화는 감정을 이입하게 한다.

대화를 깊은 단계로 이끌어가려면 일반화시키는 내용에서 구체적이고 개인적인 내용으로 옮겨가야 한다. 피상적인 수준의 대화를 나누고 싶으면 다시 일반적인 내용으로 돌아가면 된다.

일반화와 설명은 대화가 너무 깊은 단계로 들어가는 것을 차단한다. 예를 들어 "요즘 좀 피곤하고 우울해요"라고 말했을 때 상대방이 "해마다 이 무렵이 되면 다들 그런 것 같아요"라고 대답하면, 나는 내 감정에 대해 더 자세히 이야기할 수 없게 된다. 상대방이 "어젯밤에 너무 늦게 잤나 보네요"라고 말해도 역시 마찬가지다. 두 가지 대답 모두 나의 개인적인 경험을 대화의 장으로 끌어내지 못한다.

그러나 이런 대답이 전혀 도움이 되지 않는 것은 아니다. 다른 사람들도 나처럼 피곤하게 느낀다는 걸 알면 나만 문제가 있는 건 아니라는 위안을 받을 수 있다. 더 깊은 수준의 대화를 원하지 않을 때는 그런 대답이 도움이 될 수도 있다.

내가 목사로서 목회를 담당할 때나 심리학을 가르칠 때 종종 그런 방법을 사용해야 하는 경우가 생긴다. 장례식을 인도할 때는 장례식 절차를 계획하고, 찬송가를 고르고, 장례식장에서 할 설교를 준비하기 위해 고인에 대한 정보를 미리 파악하는 등 할 일이 많다. 그렇기 때문에 어쩔 수 없이 고인의 가족과 친지들이 슬픔과 분노를 표현하는 깊은 대화는 피하게 된다. 나는 "그런 대화는 지금 나누기 곤란합니다"라는 말로 대화를 끊는 것보다 일반화와 설명으로 대화를 이끄는 것이 그들을 더 배려하는 태도라고 생각한다. 그렇지만 장례식이 끝난 후 고인의 가족들을 다시 방문할 때는 더 깊고 진지한 대화를 나누고 위로한다.

온라인상에서 심리학 강의를 할 때 나는 개인적인 일에 대해서는 별로 이야기하지 않는다. 많은 사람을 대상으로 하는 강의에서 사적인 일을 긴밀하게 나누는 것은 바람직하지 않다고 생각하기 때문이다.

당신과 나, 그리고 우리의 대화 _____

의사소통은 크게 네 단계로 이루어진다. 첫 번째는 잡담과 피상적인 대화다. 나비가 이 꽃에서 잠깐 꿀을 빨아먹고 다른 꽃으로 날아가는 것처럼 계속 화제를 바꾸며 대화를 나눌 수 있다. 이 단계의 장점은 대화를 쉽게 시작하고 끝낼 수 있다는 것이다. 잡담을 잘하는 것도 중요한 기술이다.

실제로 외향적인 사람들은 자연스럽고 편하게 잡담을 나눈다. 그러나 이런 유형의 대화를 힘들게 생각하는 사람도 있다. 그런 사람들은 잡담의 몇 가지 기본적인 원칙을 알아두면 도움이 될 것이다. "오늘은 날씨가 춥네요", "비가 오네요", "이게 무슨 냄새죠?", "이 음식 참 맛있네요", "구두 정말 예쁘네요"처럼 그 시간 그 장소에서 일어나는 일을 말하면 된다.

그러나 민감한 사람들은 이런 대화가 너무 오래 지속되면 불만스러워한다. 당신은 그런 대화를 나눌 때 하드 드라이브가 쓸모없는 자료로 가득 채워지는 것처럼 느낄지도 모른다. 당신은 더 의미 있고 진지한 대화를 원할 것이다.

아직 잘 모르는 사람과 관계를 시작할 때는 잡담이 서로를 연결해주고, 적절한 대화의 문을 열어주는 역할을 한다. 그럴 때 중요한 건 대화의 내용이 아니라 말투나 분위기다. 잡담은 상대방과 공유할 수 있는 관심사를 탐색하는 동안 두 사람을 이어주는 역할을 하고, 익숙하지 않은 환경을 편안하게 느끼게 해준다. 잡담 나누는 것을 어렵게 느낀다면 미리 연습하는 것도 좋은 방법이다.

두 번째는 상대방의 흥미를 끄는 대화다. 이 단계에서는 공통의 관심사를 찾아낼 수 있다. 의견과 정보를 교환하거나 정치, 자녀교육, 그 밖에 서로 흥미를 느끼는 주제에 대해 토론하고, 의견 일치와 결정이 이루어진다. 이때 마치 물고기가 물을 만난 것처럼 자유롭게 활발한 대화를 나누는 사람들이 있다. 그들은 새로운 지식을 얻고 토론할 때 에너지를 얻는다. 남들보다 민감한 사람들은 공통의 관심사에 대해 생각을 교환하는 건 좋아하지만, 흥분해서 공격적인 어조로 논쟁을 벌이는 것은 불편해한다. 이 단계에서는 대화 상대의 직업, 사는 곳, 경제적인 상태에 대한 정보를 나누기 때문에 역할 단계로 불린다. 특정한 지위나 역할로 자기 자신을 표현한다. 예를 들어 자녀를 둔 여성은 엄마로서 유치원 교사에게 조언할 수 있고, 간호사는 약에 대해서, 화가는 색채에 대해서 조언할 수 있다.

이 단계는 대부분 자신감 있고, 말을 많이 하는 사람들에 의해 주도된다. 이런 대화에 적응하려면 자신이 이야기할 기회를 포착하는 연습을 하는 게 좋다. 모두 자기 이야기를 하고 싶어 하기 때문에 말할 기회를 잡는 것이 어렵게 느껴질 수도 있다. 특히 민감한 사람들은 남들이 말할 때 끼어드는 건 무례한 태도라고 생각하고, 빨리 대응하지 못하기 때문에 말할 기회를 놓친다.

당신은 서로가 이야기를 들어주려는 태도로 대화를 나누는 상태를 가장 편안하게 느낄 것이다. 어떤 상황에서는 남의 이야기를 일방적으로 듣는 게 가능할 수도 있다. 그러나 한 사람이 대화를 주도하면서 자신의 말이 그룹 전체에 어떤 영향을 미치는지, 어떤 문제를 일으키는지 진지하게 생각하지 않을 때는, 문제점을 지적하는 게 좋다.

세 번째는 개인적인 영역의 대화다. 자기 주변의 일이나 다른 사람들에 대한 감정과 경험을 말할 수 있다(대화를 나누는 상대방에 대한 감정을 이야기하면 네 번째 단계에 들어선 것이다). 또 상대방을 당신의 개인적인 영역으로 끌어들이게 된다. 당신은 자녀, 결혼 생활, 동료, 가족과의 관계에 대한 이야기를 할 수 있고, 가십이나 루머를 나눌 수도 있다. 이 단계는 상대방에게 다른 누군가에 대한 감정을 표현하고, 상대가 그러한 당신의 느낌을 이해하게 만드는 단계다.

이때 두 사람의 분위기는 매우 친밀하고 활발하다. 당신은 상대방과 많은 공통점을 가지고 있고, 내면적인 삶이 남들과 크게 다르지 않다는 사실을 알게 된다. 누군가와 개인적인 내면의 삶을 공유하는 것은 즐거운 일이다. 당신은 무거운 짐을 벗어버리고, 훨씬 가벼워진 느낌이 들지도 모른다.

이 단계가 어렵게 느껴진다면, 그것은 당신의 내면에

남들에게 보여주기 싫은 부분이 있기 때문이다. 그럴 때는 개인적인 고백을 듣는 당사자가 불편하게 느낄 수도 있다. 특히 상대방이 고백하고 나서 당신이 자기편이 되어주기를 기대한다면 더욱 그럴 것이다. 화가 많이 나 있는 사람의 말을 듣는 것도 매우 곤혹스러운 일이다. 당신이 과도한 자극을 받았거나 심한 스트레스를 받은 상태라면, 남의 고백을 들어주기가 매우 힘들 수도 있다.

네 번째는 직접적인 대화다. 지금 여기서 일어나고 있는 일, 너와 나에 대해 이야기할 수 있다. 이 단계에서는 서로에 대해 어떻게 느끼고, 어떤 생각을 갖고 있는지 알 수 있다. 이것은 매우 친밀하고 밀도 높은 직접적인 대화다. 이 단계는 당신이 다른 사람에게 어떤 의미를 가진 존재인지 파악하는 단계다. 이때 이루어지는 대화는 영혼을 풍요롭게 한다. 사랑에 빠진 사람이 사랑하는 대상에게 "당신을 사랑합니다"라고 말할 수 있다. 남편이 아내에게 "당신이 지금처럼 나를 쳐다볼 때마다 당신 곁을 떠나고 싶어"라고 말할 수도 있다.

어떤 사람은 이런 단계의 대화를 거의 나누지 않는

다. 일생 동안 이런 종류의 대화를 겨우 몇 번밖에 나누지 않는 사람도 있다. 그러나 우리는 이때의 대화를 평생 잊지 않고 회상한다. 이와 같은 대화로 상대방과 연결되는 것은 매우 강렬하고, 때로는 두려운 경험이다. 당신은 그런 말을 하면 상대방이 상처 받을까 봐 두려울지도 모른다. 그러나 이 단계를 회피하면 지루하고 생명력 없는 관계가 된다.

잡담에서 감정을 공유하는 대화로

당신이 느끼고, 감지하고, 맛보고, 듣고, 보는 것을 표현하는 것은 첫 번째 단계에 속한다. "오늘은 햇살이 정말 따뜻하네요"와 같은 표현이 이에 해당한다.

이 첫 번째 단계에서 두 번째 단계로 이동하면 모든 화제에 대해 더 오래 대화를 나눌 수 있다. 음식에 관한 대화에서 레시피에 관한 대화로, 날씨에 관한 대화에서 기후 변화에 관한 토론으로 옮겨갈 수 있다. 전혀 새로운 화제를 꺼낼 수도 있다.

두 번째 단계에서 세 번째 단계로 가보자. 개인적인 경험을 나눔으로써 상대방을 좀 더 개인적인 영역으로 불러들일 수 있다. 혹은 "직장 동료가 병가를 내는 바람에 당신이 과중한 일을 떠맡았을 때 기분이 어땠어요?"라고 직접적인 질문을 할 수도 있다.

세 번째 단계에서 네 번째 단계로 이동하면 먼저 상대방이 이 단계의 대화를 나누기 원하는지 확인하는 게 좋다. 다음과 같은 말로 상대방에게 준비할 시간을 줄 수 있다.

"서로에 대한 감정을 이야기하고 싶은데, 당신은 어떻게 생각하나요?"

"지금 당신에 대한 내 감정을 말하고 싶은데, 들어줄 수 있나요?"

"나에 대해 어떤 감정을 느꼈는지 말해줄 수 있나요?"

당신이 나누는 대화가 어떤 단계인지 파악하면, 왜 어떤 대화는 당신을 피곤하게 만들고 어떤 대화는 자양분이 되는지 명확히 이해할 수 있다. 대화가 지루하고 불만스러운 이유를 이해하면 대화의 내용을 바꿀 수 있다.

대화의 단계를 이동하면 큰 변화가 일어난다. 용기를 내서 네 번째 단계로 이동해보자. 죽어 있던 두 사람의 관계에 새로운 에너지와 친밀함을 불어넣을 수 있을 것이다.

이것은 실제 상황을 단순화시킨 모델이다. 이 모델에는 사람들 사이에 일어나는 비언어적인 관계는 포함되지 않았다. 민감한 사람들은 대화하지 않으면서도, 밀도 있고 깊이 있는 소통을 할 수 있다.

————————————— 5장

분노에
감춰진
슬픔

분노는 어디에서 오는가 _____

예민한 사람들은 대체로 분노의 감정을 좋아하지 않는다. 사람들은 화가 나면 주로 이분법적으로 사고하고, 타인의 감정에 공감하지 못한다. 민감한 사람들은 그런 상태를 싫어한다. 어떤 사람들은 자기 자신의 행동이나 타인의 행동에 대해 분노를 표출하면 기분 전환이 된다고 생각하지만, 민감한 사람들은 화를 낼 때 많은 자극을 받고, 신경계의 균형을 잃어버린다. 그들은 화를 내고 나서 다시 감정을 추스르고 균형을 잡을 때까지 많은 시간이 필요하다.

당신은 화가 머리끝까지 치밀어 올라 감정을 표출할

때, 스스로 큰 타격을 받을 것이다. 당신에게는 자기 자신의 강렬한 감정뿐 아니라 다른 사람의 감정에 이입하는 예민한 안테나가 있기 때문이다. 당신이 누군가에게 상처를 주면, 그가 느끼는 고통을 같이 느끼게 된다.

남들보다 민감한 사람들은 공격적인 성향이 없는 것처럼 보일 때가 많다. 실제로 우리는 싸우는 걸 싫어한다. 논쟁이나 싸움에 취약한 데는 또 다른 이유가 있다. 빠른 논쟁에서 이기는 사람들은 대체로 윤리 규범을 중요하게 생각하지 않는다. 그들이 논쟁이나 싸움에서 승리하기 쉬운 이유는 상대방에게 상처 주는 걸 별로 신경 쓰지 않고, 자신의 주장을 관철하기 위해 상대방을 공격하는 걸 당연하게 생각하기 때문이다.

당신이 예민한 사람이라면 논쟁에서 항상 패배하는 것처럼 느낄 것이다. 당신은 너무 많은 것을 고려하고, 절대로 타협할 수 없는 가치를 고수한다. 그렇기 때문에 논쟁에 참여하는 것은 마치 자기 자신이 부과한 약점을 가지고 게임을 시작하는 것과 같다.

"나는 항상 나 자신이 약자라고 생각했어요. 대부분의 논쟁에서 내 관점을 상대방에게 이해시키지 못하고 패배를 인정했으니까요."

-헬르, 57세

민감한 사람들은 대체로 빠르고 과열된 논쟁에서 패배하는 것처럼 보인다. 그러나 충분한 시간이 주어지면 다른 사람들보다 탁월한 능력을 발휘한다. 당신은 상대방의 갑작스러운 분노를 직면할 때 대부분의 경우 조용히 물러설 것이다. 그리고 며칠 후 상대방에게 그 문제에 대한 당신의 생각과 느낌을 전달하고, 용납할 수 있는 것과 용납할 수 없는 것을 분명히 알려줄 것이다.

민감한 사람들이 윤리와 가치를 매우 중요하게 여긴다는 말은 다른 사람들이 그것을 덜 중요하게 생각한다는 의미가 아니다. 또 민감한 사람들이 반드시 윤리적인 기준을 지키며 살아간다는 뜻도 아니다. 그러나 우리는 기본적으로 세상을 살 만한 가치가 있는 곳으로 만드는 데 기여하는 것이 건설적인 전략이라고 믿는다. 우리는 언성을 높이는 공격적인 논쟁을 좋아하지 않고, 자신의 행동이 다른 사람들에게 고통을 주는 것을 참기 힘들어한다.

상담 치료를 받는 내담자들 중에는 분노의 감정을 다루기 힘들어하는 사람이 많다. 심리치료사들은 그들의 문제가 강렬한 분노에 적절하게 반응하고, 표출하는 방법을 모르기 때문이라고 말한다. 나는 민감한 내담자들이 분노의 감정에 부딪쳤을 때, 다른 사람들과 매우 다른 방법을 사용한다는 것을 발견했다.

"나는 은행 지원 팀에서 일했습니다. 맡은 업무는 다른 사람들이 쓴 신용 거래 약정을 승인하는 일이었죠. 그런데 약정서를 작성한 사람들이 번번이 오후 3시에 서류를 넘겨주고 그날 승인해달라고 요구하는 겁니다. 고객에게 최대한 빨리 처리해주기로 약속했다고 하면서요. 나는 늦게까지 남아서 일을 처리할 수밖에 없었죠. 계속 그런 일이 반복되자 화가 났습니다.

스트레스가 점점 심해지자 해결책을 찾아야겠다는 생각

이 들었죠. 문제를 제기해봤지만 효과가 없었습니다. 화를 내고 소리를 지르는 건 내 성격에 맞지 않는 행동이어서 다른 전략을 찾아야 했습니다. 어느 날 아침 회의 시간에 '앞으로 퇴근 시간에 임박해서 급한 서류를 넘기면 다른 업무를 중단할 수밖에 없다'고 선언했습니다. 놀랍게도 이 전략은 큰 변화를 가져왔습니다. 동료들이 내 생각에 동의하면서 급한 서류를 넘겨받는 일이 급속도로 줄어들었습니다."

-기트, 52세

침착하게 "아니요", "그렇게 하고 싶지 않아요", "이 일은 못 하겠어요"라고 말하는 것이 큰 목소리로 분노를 폭발하는 것보다 훨씬 효과적일 때가 있다. 그런 전략이 효과가 없을 때는 위에서 기트가 사용한 전략을 시도해보는 것도 방법이다.

다음은 민감한 내담자가 민감하지 않은 심리치료사에게 상담을 받은 경우다.

"한 심리치료사는 나에게 화가 날 때는 솔직하게 화를 내라고 조언했어요. 그분은 내가 덜 소심해지고 더 공격적으로 행동하면 훨씬 행복해질 거라고 믿는 것 같았습니다. 나는 그의 제안에 공감했어요. 화를 내는 방법을 배우면 내가 원하는 방식으로 일을 처리할 수 있을 거라고 생각했으니까요.

하지만 나는 조용하게 '아니요'라고 말해서 효과가 없는 상황에서는 화를 내면서 소리를 지르는 것 역시 효과가 없다는 걸 깨달았습니다. 그런 상황은 대부분 상대방이 내가 원하는 것을 줄 능력이 없거나 줄 의향이 없는 경우이기 때문이죠.

지금 돌이켜보면 그 심리치료사의 제안을 거절하는 게 옳았던 것 같아요. 물론 그분은 나를 변화시키기 위해 그런 제안을 했겠죠. 하지만 큰소리를 내서 원하는 것을 얻을 수 있다고 해도 그런 방식으로 욕구를 충족시키는 것은 내가 정말 원하는 게 아니라는 걸 깨달았습니다."

-헨릭, 48세

이러한 예는 드문 경우가 아니다. 민감한 사람들은 이성적이고 신중한 태도를 버리고 더 원초적인 방법을 사용하도록 강요하는 무례한 사람들과 자주 부딪친다. 하지만 예민한 사람들이 공격적인 언쟁에 끼어드는 것은 바람직하지 않다. 우리는 열띤 논쟁을 벌이는 상황에서 과도한 자극을 받는다. 지나친 자극을 받고 압도되면, 쉽게 무기력해지고 소극적인 태도를 취할 수밖에 없다. 결국 다른 사람들과의 연결 고리가 끊어지고, 바다 한가운데에 좌초한 배처럼 막막한 상황에 빠지게 된다.

나는 상담을 받는 부부에게 심한 언쟁이 벌어질 때 사용할 전략을 찾도록 권유한다. 예를 들면 잠시 언쟁을 중단하는 타임아웃을 요청하고, 그 시간이 지난 후 다시 대화를 시작하는 방법을 사용할 수 있다. 그동안 각자 산책을 하거나 조깅을 하면서 마음을 가라앉히는 것이다.

당신이 예민한 성격의 소유자라면 갈등 상황에서 물러서서 자기 자신, 그리고 다른 사람에 대한 감정을 재조정하는 조용한 시간을 갖는 게 좋다.

베개를 던지는 것 같은 물리적인 행동이 분노를 표

출하는 좋은 방법이 될 수 있다는 일반적인 이론이 있다. 일부 심리치료사들은 내담자에게 분노를 행동으로 표출하라고 조언한다. 그러나 몸으로 분노를 표출하는 것은 오히려 분노에 집착하게 만들고, 심지어 분노를 더 강렬하게 부추기는 역효과를 가져올 수 있다. 그보다는 누군가에게 당신의 감정을 털어놓거나 운동으로 기분을 전환하는 것이 훨씬 더 유익한 방법이다.

숨겨진 감정을 찾아내는 능력

나는 분노의 여러 가지 원인을 그룹으로 분류하고, 각 그룹에 대한 전략을 제시하는 모델을 만들었다. 이 모델은 논쟁과 갈등을 피하고 싶어 하는 사람들에게 도움이 될 것이다. 내 저서인 『감정의 미로에서 새로운 길을 발견하라(Find new paths in the labyrinth of feelings)』에 이 모델에 관한 설명이 실려 있다. 나는 이 책에서 갈등이나 사소한 언쟁에 부딪쳤을 때, 깊은 사고력을 활용해서 가장 간단하고 쉬운 전략을 찾는 방법에 대해서 설명했다.

당신은 공감 능력을 이용해서 많은 일을 할 수 있다. 분노는 사실 '감정의 보호막'과도 같다. 그 보호막 밑에는 분노보다 더 연약한 다른 감정이 숨어 있다. 남들보다 민감한 사람들은 숨겨진 감정을 파악하는 탁월한 능력을 가지고 있다. 당신은 그런 능력을 잘 활용해서 숨겨진 연약한 감정을 이해하고 치유할 수 있다.

분노는 기대나 욕구가 충족되지 않을 때 일어나는 감정이다. 당신의 분노도 마찬가지다. 당신은 공감 능력을 활용해서 충족되지 못한 욕구가 무엇인지 파악하고, 자신이 원하고 소중하게 생각하는 것을 다른 사람에게 요구할 수 있다. 그리고 다른 사람이 그들 자신이 필요로 하는 것을 이해하고 분노를 해결하도록 도울 수도 있다. 당신은 "내가(아니면 다른 누군가가) 당신에게 지금 무엇을 주기를 원합니까?"라고 물어볼 수 있다. 비록 다른 사람이 우리가 원하는 것을 줄 수 없어도, 그들에게 우리의 소망과 필요를 표현하는 것만으로도 도움이 된다. 자신의 소망과 필요, 타인에 대한 의존성을 이해할 때 분노의 출구를 찾을 수 있기 때문이다. 그런 방법을 통해서 우리는 자기 자신의 연약한 부분을 깊이 이해하고 적극적인 삶을 살 수 있게 된다. 더불어 다른 사람들과 더 만족스러운 관계를 맺을 수 있다.

건강하지 않은 관계

기본적으로 당신은 화가 난 사람들은 고통을 당하고 있고, 타인의 사랑과 친절을 충분히 받지 못했다고 생각할 것이다. 그러나 분노가 해결책이 되지 못하는 상황에서는 당신이 참을 수 있는 공격과 모욕에 한계를 정할 필요가 있다.

예민한 사람들이 함께 살아가기 힘든 성향의 사람이 있다. 때때로 민감한 사람들은 계속 부당한 대우를 받으면서도 관계를 지속한다. 그들은 언젠가는 상대방이 변할 거라는 희망을 버리지 못하고 계속 친절을 베풀고 이해하려고 노력한다.

당신은 이런 상황을 객관적으로 보려고 노력해야 한다. 당신이 깊은 애정을 주고 있는 누군가가 당신과 같은 상황에 처해 있다고 상상해보자. 그는 과연 친절과 이해와 존경을 받고 있는 것일까? 만일 그렇지 않다는 대답이 나온다면, 당신은 그 사람에 대한 배려에 한계를 정해야한다. 그리고 그 사람에게 당신에 대한 태도를 바꾸도록 요구해야 한다.

자존감 회복이 먼저다

당신은 갈등 상황에 직면했을 때, 부정적인 생각과 느낌을 표현하지 않고 아무 문제가 없는 척하는 게 좋다고 생각할 것이다. 이럴 때 당신의 생각과 느낌은 당신에게 별로 중요하지 않다. 그러나 어떤 일이 불편하게 느껴진다면, 최선의 중도를 찾아야 한다.

당신은 불만을 해결하기 위해 상대방에게 직접적으로 분노를 표현하거나, 아니면 분노를 내면으로 향하게 하고 자신을 비난할 수 있다. 그러나 최선의 중도는 "너 때문에 내 좋은 기분을 망쳤어" 또는 "나는 지금 굉장히 예민해"라고 당신의 느낌을 중립적으로 표현하는 것이다. 중립적인 말의 몇 가지 예를 들어보자.

"당신이 그런 표정으로 나를 보면 기분이 너무 나빠."

"나는 지금 당신의 친절한 말이 듣고 싶어."

"나는 피클보다 샐러드를 먹고 싶어."

"우리가 정한 날짜를 지키는 게 중요하다고 생각해."

싫어하는 것과 원하는 것을 구체적으로 표현할수록 상대방과 더 명확한 의사소통을 할 수 있다. 한계를 명확히 설정하면 두 사람 사이에 좋은 연결 고리가 만들어진다. 당신이 자기 자신을 더 잘 표현한다고 느낄수록 상대방과 더 깊은 관계를 맺을 수 있을 것이다.

단기적으로는 불만을 표현하지 않는 것이 더 편하게 느껴질지도 모른다. 특히 분노나 갈등을 피하고 싶을 때는 더더욱 그럴 것이다. 그러나 길게 보면 그것은 나쁜 전략이다. 부정적인 생각과 느낌을 표현하는 것을 두려워한다면, 당신과 다른 사람과의 관계는 피상적이고 불만족스러운 상태로 지속될 수밖에 없기 때문이다.

남들보다 민감한 사람들이 당연히 정해야 할 한계를 정하지 않는 것은 자존감이 낮기 때문일 수도 있다.

"나는 참고 견디는 태도를 버리라는 말을 자주 들었습니다. 단호하게 반대 의견을 표현하고, 내 의견을 존중해달라고 요구하라고 말이죠. 그런 시도를 하지 않은 건 아니에요. 그런데 큰소리로 말하려고 할 때마다 목에서 갈라지고 찢어지는 것 같은 소리가 나왔습니다.

지금은 자신감이 부족한 게 원인이라는 걸 알게 되었습니다. 내 마음 깊은 곳에는 '내가 정말 이 세상을 살 만한 가치가 있는 사람인가'라는 의문이 자리 잡고 있습니다. 나는 근본적으로 뭔가 잘못된 사람이라는 생각이 들어요. 이 공동체에 속한 것만으로도 감사해야 한다고 느낍니다. 그래서 감히 다른 사람의 의견에 반대할 수가 없어요. 분노를 표현하려고 하면 두려움이 몰려옵니다. 분노를 느끼지 않거나 소리를 지를 줄 모르는 건 아닙니다."

-엔스, 45세

많은 사람이 엔스에게 분노를 표현하라고 충고한다. 그러나 나는 그에게 필요한 건 자존감을 회복하는 일이라고 생각한다.

희망이 분노를 부른다

내면에서 분노가 일어날 때, 그것은 우리를 다른 감정으로부터 보호하기 위한 것일 때가 많다. 그러므로 그것이 어떤 감정인지 잘 살펴보아야 한다. 그 감정 안에는 더 즐겁고 활기찬 길로 인도하는 좁은 오솔길이 숨어 있을지도 모른다. 분노는 자기 자신을 모든 감정의 꼭대기에 올려놓는 습성이 있다. 그 밑에 많은 것이 저장되어 있지만, 분노가 모든 공간을 차지하고 있어서 우리는 거기에 미처 접근하지 못한다.

분노의 내면에는 현실이 달라질 수 있고, 달라질 거라는 희망이 숨겨져 있다. 분노는 장애물에 대항하기 위해 고안된 강력한 에너지다. 당신은 그 장애물과 싸우기 위해 변화되기를 원한다. 분노의 감정을 느낀다면, 의식하든 못 하든 싸워야 할 대상이 있다는 걸 알아야 한다.

그러나 절대로 변할 수 없는 것을 변화시키기 위해 싸울 때 문제가 발생한다. 배우자의 어떤 면이 마음에 들지 않아서 화가 나면, 계속 그 점을 지적하고 고치려고 할 것이다. 그렇게 하면 배우자가 달라질 거라고 생각하기 때문이다. 그러나 그것은 단지 두 사람의 삶을 더 비참하게 만들 뿐이다. 성격의 어떤 부분은 변할 수 있는 가능성이 전혀 없기 때문이다.

만약 연로한 부모님에게 계속 화를 내고 있다면, 그 분노의 내면에는 당신의 과거가 바뀔 수 있다는 희망이 숨어 있을지도 모른다. 그런 기적 같은 일이 일어나서 어릴 때 받지 못했던 것을 보상받기를 바라고 있을 것이다. 분노의 감정 밑에 부모님이 달라지면 함께 행복한 삶을 살 수 있을 거라는 희망을 감추고 있는 것이다.

우리는 종종 상실한 것들을 직시하고, 현실을 있는 그대로 받아들일 때까지 분노의 감정에 매달린다. 이길 가능성이 없는 전쟁을 포기할 때, 분노는 슬픔으로 변한다. 슬픔은 분노의 감정과는 달리 타인의 공감을 끌어낸다는 장점을 가지고 있다. 슬픔은 다른 사람의 지지를 얻는다. 또 슬픔은 지나가는 감정이다. 건강한 슬픔은 오래 지속되지 않는다. 당신은 한동안 슬픔의 감정을 경험하고, 상실한 것에 작별 인사를 하고 손에서 떠나보낸다. 그리고 눈물을 닦으면서 새로운 가능성을 찾아 나설 준비를 한다.

그러나 분노의 감정이 쓴 뿌리가 되어 남은 삶에서 계속 당신을 따라다닐 수도 있다. 분노의 내면에 감춰진 희망은 형제나 전 배우자, 상사와의 관계 속에서 여러 가지 모습으로 나타난다. 당신은 자신이 어떤 대상과 싸우고 있으며, 어떤 희망이 숨겨져 있는지 알아야 한다. 그럴 때 앞으로 나아갈 길을 찾게 된다. 무엇을 소망하고 있는지 깨달을 때 현실을 바꾸려는 노력을 시작할 수 있고, 바꿀 수 있는 가능성이 없을 때 삶의 새로운 오솔길을 찾아 나설 수 있다.

부모님이나 전 배우자에게서 받지 못한 관심이나 애정 때문에 슬픔의 감정을 느끼고 있다면, 그들도 당신처럼 장점과 한계를 모두 가진 존재라는 사실을 인식해야 한다. 시간을 되돌려서 꿈꾸었던 어린 시절로 돌아가거나, 결혼 생활을 다시 시작할 수는 없지만, 그들과 새로운 관계를 시작하는 것은 가능하다. 그들이 갖고 있지 않은 것을 얻기 위해 끊임없이 싸우고, 그들의 현재의 모습과 과거의 일을 바꾸려고 노력하는 것은 무의미하다. 그런 노력을 포기할 때 비로소 당신은 그들과 새로운 관계를 맺을 수 있다는 것을 깨닫는다.

성인이 된 자녀가 당신에게 분노의 감정을 표출할 때 "네가 어렸을 때 더 잘해줬어야 하는데, 그러지 못해 미안해"라고 말할 수 있다. 또는 당신이 일찍 자리를 떠나서 자신의 생일을 망쳐버렸다고 비난하는 친구에게 "먼저 자리를 떠난 건 내 잘못이야. 네 생일을 망쳐서 미안해"라고 말할 수 있다. 그렇게 함으로써 그들은 자신의 분노를 포기하고, 당신과 새로운 관계를 형성할 수 있다.

자기 자신을 비난하지 마라 ──────

  "해야 한다(should)"는 말은 자기 자신이나 타인에게
도덕적인 비난을 할 때 매우 유용한 표현이다. "나는 내
아이들을 위해 쓸 수 있는 에너지를 더 많이 가지고 있어
야 했어"라는 말은 자기 자신을 도덕적으로 판단하는 하
나의 예다. 당신은 분노를 자신의 내면으로 돌려 공격하
기 시작한다.

  아니면 "당신은 나를 더 배려했어야 했어", "내가 너
를 위해 많은 걸 해주었으니, 너는 나에게 더 고마워해야
했어"라는 말로 타인에게 도덕적인 비판의 화살을 돌릴
수도 있다. 마음속에서 분노가 일어날 때 당신은 자기 자
신이나 타인에 대해 도덕적으로 비판하기 시작한다. 하
지만 그것이 정말 효과적인 방법인지는 검토해볼 필요가
있다.

당신이 예민한 사람이라면 다른 사람보다 자기 자신을 더 많이 비판하는 성향을 가지고 있을 것이다. 그러나 높은 기준을 정해 놓고, 그 수준에 부응하지 못할 때 자기 자신을 공격하는 것은 바람직하지 않은 습관이다. "나는 부모님에게 더 잘해드려야 했어. 나를 위해 부모님은 모든 걸 해주셨는데. 부모님이 전화하면 더 고마워하고, 더 반갑게 받아야 했어." 이런 식으로 자아를 부정적으로 판단하고 과도한 짐을 지운다. 그 결과 과도한 자극을 받고, 정신적인 탈진 상태에 빠지게 된다.

분노가 슬픔으로 바뀌는 순간

당신은 '희망'과 '불가능한 소망'을 구별해야 한다. 희망은 현실과 일치할 수 있는 가능성을 가지고 있다. 동화 속에서나 있을 법한 일을 바란다면, 결국 본질적으로 생명이 없는 것을 위해 에너지와 시간을 낭비하게 된다. 남편이 극적으로 변하기를 기대하면서 사랑 없는 결혼 생활을 지속하는 아내가 그런 경우에 속한다. 그러나 그런 희망을 포기할 때, 그녀는 더 행복해질 수 있다. 남편이 근본적으로 달라질 거라는 희망을 버리면 그녀는 현실을 직시하고, 현실을 있는 그대로 수용할 것인지, 스스로 변화를 만들어낼 것인지 결정할 수 있다.

하지만 불가능한 것을 바라는 것은 희망과 다르다. 죽은 가족이 나타나서 한동안 당신과 함께 지내는 것은 비현실적인 바람이다. 인간은 자신의 깊은 내면이 원하는 것을 조정할 수 없다. 당신이 노란색을 좋아하든 하늘색을 좋아하든, 꽃의 원래 색깔은 선택할 수 있는 게 아니다. 선택할 수 없는 것을 바란다면, 해답을 찾기 위해 내면의 감정에 귀를 기울여야 한다. 어떤 의미에서 당신은 곧 당신이 원하는 것이라고 할 수 있다. 당신은 자연 속에서 가능한 한 많은 시간을 보내기를 원하는 사람일 수도 있다.

우리의 삶은 불가능한 바람으로 가득 차 있다. 그 바람을 인식하는 것은 고통스러운 일이다. 특히 실제의 삶이 바라는 삶과 큰 차이가 있을 때는 더더욱 그럴 것이다.

당신의 바람은 깊은 슬픔을 드러낸다.

그러나 나는 상처를 깊이 감춰둔 채 무감각하고 우울하게 살아가는 것보다, 슬픔을 직시하고 더불어 살아가는 삶을 선택하고 싶다. 도덕적인 비판을 할 때 당신은 사실 자신의 내면이나 외부를 향해 분노를 표출하고 있는 것이다. 자신의 바람을 인식하고 있다면, 당연히 그 바람이 성취되지 않을 때 고통을 느끼고 성취될 때 기쁨을 느낄 것이다.

분노는 흔히 피상적인 단계에서 일어난다. 사람들은 깊은 내면에 숨어 있는 연약한 감정에 연결되기보다는 분노로 가득한 피상적인 단계에 더 오래 머무르려고 한다. 분노 밑에 숨어 있는 슬픔의 감정과 당신이 무언가를 소유하거나 바꿀 수 없다는 무기력감을 받아들이기가 너무 힘들기 때문이다. 분노의 감정에 머무르고 있을 때는 어떤 대상과 싸우고 있다는 것과 더 격렬하게 싸울수록 자신의 감정에 무감각해진다는 것을 인식해야 한다.

어떤 사람은 과거에 일어났던 일을 직시하는 것보다 분노의 감정을 부모에게 돌리는 걸 더 편하게 느낀다. 그러나 우리는 자신의 어린 시절을 바꿀 수 없다. 어린 시절에 받은 상처는 없어지지 않는다. 어쩔 수 없이 평생 상실감을 안고 살아가야 한다. 그 현실을 인정하고 받아들일 때, 분노는 슬픔으로 바뀐다.

슬픔은 치유의 힘을 가지고 있다. 슬픔은 기다려야 하는 과정이다. 슬픔의 감정에 빠져 있을 때 우리는 타인의 사랑과 배려를 받아들일 준비가 된다. 분노로 가득 차 있을 때는 다른 사람들이 당신에게 애정과 친절을 베풀지 못한다. 당신이 그들이 다가오는 것을 거부하기 때문이다. 슬픔은 사람들을 곁으로 불러들이지만, 분노는 멀어지게 한다.

"나도 다른 사람들처럼 대처할 수 있어야 해"라는 자기 판단은 "나도 다른 사람들처럼 대처할 수 있으면 좋을 텐데"라는 말로 바꾸어야 한다. 이것은 내면에 슬픔의 공간을 만들어낸다. "당신은 나를 더 지지해줬어야 해"라는 말은 "당신이 나를 더 많이 도와주면 좋았을 텐데"라는 말로, 아니면 더 간단하게 "나는 네가 도와주기를 기다렸어"라는 말로 바꾸어야 한다.

나는 독자들이 도덕적인 비판을 할 때 "해야 한다 (should)"라는 말 대신 "했으면 좋을 텐데(wish)"라는 표현을 사용하기를 바란다. 그런 표현이 자기 자신과 상대방에 깊은 반향을 일으킬 수 있다는 것을 이해해야 한다. 그러면 평소에 자기 자신이나 타인을 판단하는 말 대신 "한다면 좋을 텐데" 또는 "그렇게 하지 않아서 아쉽다"라는 표현을 사용할 수 있을 것이다. 그런 표현이 자아의식에 어떤 영향을 주는지 경험해보기를 바란다. 여전히 슬픔의 감정을 느끼지만, 한편으로는 편안해진 자신을 발견하게 될 것이다. 예민한 신경을 가진 당신에게는 분노의 에너지보다 슬픔의 감정이 훨씬 도움이 되기 때문이다.

슬픔의 감정에 빠져 있을 때
우리는 타인의 사랑과 배려를
받아들일 준비가 된다.

6장

죄책감과
수치심

죄책감과 힘은 비례한다 _____

죄책감에는 두 가지가 있다. 다른 사람에게 피해를
주었다고 느끼는 감정인 실제적인 죄책감과 실제보다 과
장된 죄책감, 즉 지나친 죄책감이다.

죄책감과 힘은 동전의 양면과 같다. 죄책감을 느끼는
사람은 자신에게 힘이 있다고 생각한다. 어머니의 생일날
날씨가 좋지 않은 건 내 잘못이 아니다. 내게는 날씨를 통
제할 힘이 없기 때문이다. 그러나 생일날 찾아가지 않아
서 어머니를 외롭게 했다면, 그것은 분명히 내 잘못이다.
발목이 두 개 다 부러져 입원한 상황이 아니라면 말이다.

당신이 느끼는 죄책감이 다른 사람에게 준 피해와

비례한다면, 그것은 적절한 감정이라고 할 수 있다. 우리는 누구나 다른 사람을 즐겁게 하거나 고통스럽게 할 수 있다. 후자의 경우라면 자신의 잘못을 수정하기 위해 노력하는 게 당연하다. 상대방에게 "내가 어떻게 하면 당신의 아픔을 덜어줄 수 있을까요?"라고 물어볼 수 있을 것이다. 비록 도울 일이 없더라도 상대방은 물어보는 것만으로 고마움을 느낄 것이다.

예민한 사람들은 누군가에게 피해를 주었을 때 상대방에게 사과하고, 상황을 개선하기 위해 노력한다. 그러나 당신이 과도한 죄책감을 느끼는 경향이 있다면, 그것이 적절한 감정인지 검토해볼 필요가 있다.

죄책감과 더불어 살아가는 것은 스스로 선택한 대가일 수도 있다. 심리치료사 벤트 포크(Bent Falk)는 이런 유형의 죄책감을 '실존적 부가가치세(Existential Value Added Tax)'라고 표현했다. 예를 들어 당신이 아버지가 원하는 직업이 아닌 다른 직업을 선택해서 그를 실망시켰다고 가정해보자. 아버지에게 그 직업을 선택한 이유를 설명하고 보상으로 무언가를 해드리는 대신, 아버지를 실망시켰다는 자기 인식 또는 죄책감을 느끼는 것으로 진실하게 살아가기 위한 대가를 지불할 수 있다. 벤트 포크는 진정한 자기 자신의 삶을 살기 위해 치르는 이러한 대가를 실존적 부가가치세라고 표현하고 있다.

현실을 외면하지 마라

직접 하지 않은 일이나 실제로 통제할 수 없는 일에 대해 죄책감을 느낀다면, 당신은 과도한 죄책감을 느끼는 것이다. 제한적인 영향력을 미칠 수밖에 없는 일에 대해 죄책감을 느끼는 것도 마찬가지다. 그럴 경우 당신은 자신이 실제로 가지고 있는 힘보다 더 큰 힘을 가지고 있다고 착각하고 있는 것이다.

죄책감을 '자신의 내면으로 향하는 분노'로 보는 관점도 있다. 그러나 나는 죄책감을 '자신의 무력함과 슬픔에 대한 방어 수단'으로 보는 것이 더 적절하다고 생각한다. 만일 불만족스러운 결혼 생활을 하고 있다면, 배우자가 더 이상 당신을 사랑하지 않는다는 사실을 직시하는 것보다 자기 자신을 탓하는 게 덜 고통스러울 것이다. 죄책감을 느끼는 사람은 자신이 변화를 일으킬 수 있는 힘을 가지고 있다고 생각한다. 불만족스러운 결혼 생활이 당신의 잘못 때문이라면 자신을 개선하기 위해 노력하는 것으로 문제를 해결할 수 있을 것이다. 그러나 당신은 자기 자신을 변화시키려고 노력하는 동안, 무의식적으로 더 악화되고 있는 결혼 생활의 진실을 외면하고 다른 곳에 주의를 돌리고 있는지도 모른다.

자신에게 병이 생기면 죄책감을 느끼는 사람들이 있다. 그들은 몸에 좋지 않은 음식을 먹었거나, 운동을 충분히 하지 않아서 병에 걸렸다고 생각한다. 그렇지 않았더라면 병에 걸리지도 않았을 거라고 자책한다. 죄책감을 느낀다는 것은 자기 자신에게 힘이 있다고 생각한다는 뜻이다. 병이 난 것에 죄책감을 느낀다면, 당신은 자기 자신에게 더 건강해질 수 있는 힘이 있다고 생각하는 것이다. 그러나 언젠가는 분명히 죽음이 다가온다. 자신의 무기력함과 삶의 불확실성을 직시할 때, 지나친 죄책감으로 고통당하지 않을 수 있다.

어떤 아이들은 집안에 갈등이 있거나 문제가 생기면 자기 때문이라고 생각한다. 그런 아이들은 문제의 원인을 자질을 갖추지 못한 부모의 탓으로 돌리는 것보다, 자기 자신에게 상황을 바꿀 수 있는 힘이 있다고 생각해야 더 안전하게 느낀다. 그들은 착하고 공손한 아이가 되기 위해 노력하면 문제가 해결될 거라고 생각한다. 다른 대안은 부모가 불완전하다는 사실을 인정하는 것이다. 그러나 그런 현실을 받아들이는 것은 그들에게 너무 두려운 일이다.

평생 자신의 부모를 완벽한 모습으로 이상화한 이미지에 집착하며 살아가는 사람들도 있다. 그들은 대체로 자신에 대해 부정적인 이미지를 가지고 있다. 어린 시절이 불행했다고 느끼는 감정이 강할수록 부모를 이상화하려는 욕구도 강해진다.

성인이 되어 부모와의 관계를 개선할 필요성을 깨닫는 사람들도 있다. 그들은 이제 힘들었던 어린 시절을 직시할 수 있고, 작고 의존적이었던 어린 시절에 느낀 고통을 표현하고 치유받을 수 있다고 느낀다. 대부분 심리치료사의 도움으로 진행되는 이런 과정은 자기 자신과 부모에 대한 인식을 바꾸고, 어린 시절에 느꼈던 지나친 죄책감에서 벗어날 수 있도록 도와준다.

모든 게 내 잘못이라는 생각

때때로 우리는 모든 일이 내 잘못이거나 아니면 내게 전혀 잘못이 없다고 생각하는, 이분법적인 사고의 틀에 갇힌다. 그러나 실제로 대부분의 일은 그 사이에 있다.

죄책감이 당신을 억누를 때 자신이 느끼고 있는 죄책감이 적절한 것인지 아니면 지나친 것인지 검토해볼 필요가 있다. 여동생의 우울증에 대해서 죄책감을 느낄 때 당신은 여동생의 행복에 영향을 주는 조건에 대해 생각해봐야 한다.

여동생의 행복에 영향을 주는 요소를 목록으로 만들고, 각 요소가 몇 퍼센트를 차지하는지 측정해보라. 예를 들면 불행한 어린 시절은 12퍼센트, 사회적인 기술의 부족은 13퍼센트, 직업적인 상황은 14퍼센트, 건강은 11퍼센트로 나눌 수 있다.

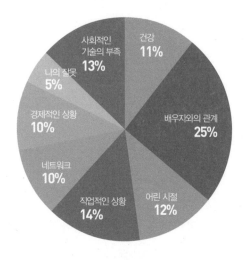

원 그래프로 만들면 더 명확하게 파악할 수 있을 것이다. 이런 분석을 통해 '모든 게 내 잘못'이라는 생각을 '5퍼센트만 내 책임'이라는 생각으로 전환할 수 있다. 자신이 지나친 죄책감을 느꼈다는 걸 깨닫고 안도의 감정을 느끼는 사람도 있을 것이다. 그러나 한편으로는 동생의 행복에 미치는 자신의 영향력이 제한적이라는 현실을 인정하기 싫은 사람도 있을 것이다.

말로 할 수 없는 감정 _____

죄책감은 당신이 행한 구체적인 일에 대해 느끼는 감정이다. 반면에 수치심은 당신의 전 존재에 대해 느끼는 감정이다. 죄책감을 느낄 때는 어떤 행동 때문에 그런 감정을 느끼는지, 아니면 어떤 행동을 하지 않아서 그런 감정을 느끼는지 지적할 수 있다. 당신이 느끼는 죄책감이 적절하다면 행동을 수정할 수 있고, 지나친 것이라면 자신의 감정을 다시 검토하고 조정할 수 있다.

그러나 수치심은 원인을 정확히 파악하기 힘들고 말로 설명할 수 없는 감정이다. 그것은 무언가 잘못되었다는 막연한 감정일 때가 많다. 거기에는 잘못된 것이 드러나는 데 대한 두려움이 수반된다. 수치심을 느낄 때 당신은 어디로 숨고 싶어진다. 누군가가 당신에게 너무 가까이 다가오면 화를 낼지도 모른다. 수치심은 근본적으로 자신에게 어떤 결함이 있다고 느끼는 감정이기 때문에 그 감정에 대해 이야기하는 것은 어려운 일이다. 당신은 수치스러워하는 감정을 수치스럽게 느끼고, 그런 감정에 대해 말하는 것을 불편하게 느낄 것이다.

이러한 수치심은 어린 시절에 충분한 애정을 받지 못한 결핍감의 결과로 나타날 수 있다. 당신이 어렸을 때 무언가를 만들어서 부모님에게 보여주거나 어떤 물건을 주었을 때, 부모가 거부하거나 무시하거나 심지어 야단을 쳤을 수도 있다.

예를 들어 한 남자아이는 자기 엄마가 화가 났다고 느낀다. 그 아이는 엄마의 무릎에 기어 올라가서 안아주려고 하지만, 엄마는 아이에게 밖에 나가서 놀라고 말한다. 그럴 때 아이는 자기가 뭔가 잘못했다고 느낄 것이다. 엄마를 위로해주려고 할 때마다 엄마가 거부하는 반응을 보이면, 아이는 남들을 위로하고 싶어 하는 자신의 욕구를 수치스러운 감정으로 느끼게 된다. 결국 그 아이는 더 이상 남을 위로하려는 노력을 하지 않게 될 것이다. 그보다 더 나쁜 상황은 다른 사람을 위로하고 싶은 욕구조차 느끼지 못하게 되는 것이다.

또 다른 경우를 생각해보자. 자기 방에서 혼자 있는 걸 좋아하는 여자아이가 있다. 그 아이는 늘 건강한 아이들은 밖에 나가서 다른 아이들과 함께 놀아야 한다는 말을 듣는다. 그래서 혼자 있고 싶은 생각이 들 때마다 자신이 뭔가 잘못하고 있는 것처럼 느낀다. 자기 방에 들어갈 때마다 남들이 눈치채지 못하게 할 것이고, 혼자 있는 것을 다른 사람이 발견하면 수치심을 느낄 것이다.

많은 사람이 죽을 때까지 자신이 느끼는 수치심에 대해 이야기하지 않는다. 반면에 어떤 사람들은 그런 감정을 극복하고, 진정한 자기 자신으로 살아갈 수 있는 방법을 모색한다.

자신의 과거를 폐기하는 것도 수치심을 해결하는 한 가지 방법이 될 수 있다. 앞에서 예를 든 소년의 경우를 생각해보자. 그 아이는 남들을 위로하고 싶은 감정에 대해 수치심을 느낀다. 어른이 된 아이는 다시 누군가를 위로하려는 시도를 할 수 있을 것이다. 아니면 다른 사람이

163

그에게 위로와 지지를 요구할 수도 있다. 처음에는 그런 시도가 어색하고 불안하게 느껴질 수 있다. 그러나 상대방이 그의 위로를 기꺼이 수용할 때, 그는 새로운 경험을 하게 된다. 그런 경험이 반복되면 점점 더 남을 위로하고 싶은 자신의 욕구를 자연스럽게 받아들이고, 더 이상 수치심을 느끼지 않게 된다.

언제까지 숨기만 할 것인가

민감한 사람들은 흔히 다음과 같은 성향을 부끄럽게 여긴다.

♦ 때때로 사람들과 멀리 떨어져 있고 싶다.

♦ 상황에 빨리 대응하지 못하고, 반응할 때 시간이 걸리기 때문에 남들이 나를 솔직하지 못한 사람으로 생각할까 봐 걱정된다.

♦ 치열한 경쟁에 합류하지 못한다.

† 다른 사람들처럼 쉽게 일을 처리하지 못한다.

† 사람들이 즐기는 대화를 무의미하고 지루하게 느낄 때가 많다.

† 남들보다 먼저 피로감을 느낀다.

많은 일에 대해 수치심을 느끼고, 그런 일들을 피하고 싶다면 당신은 다른 사람들과 의미 있는 대화를 나누기 힘들 것이다. 자신이 하는 말을 조심하느라 대화의 흐름을 따라가기 힘들고, 자신의 비밀이 탄로 나지 않게 하기 위해 많은 에너지를 소비할 것이다.

남들보다 민감한 사람들이 자신을 솔직하게 표현할 용기를 낼 수 있는 방법은 다른 민감한 사람들의 이야기를 듣는 것이다. 나는 민감한 사람들을 위한 훈련 과정을 진행할 때 개방성과 솔직함이 얼마나 전염성이 강한지 발견한다. 누군가가 자신의 약점을 솔직하게 말하면, 다른 사람들도 자신의 약점을 공개할 용기를 얻는다. 그들은 다른 사람의 이야기 속에서 자신을 발견하고 큰 기쁨과 위안을 느낀다.

그들은 자신에 대해 수치심을 느끼는 게 어떤 것인지 이해하는 사람들과 함께 있을 때 위로를 받고, 지금까지 숨기고 싶었던 자신의 이야기를 표현할 방법을 찾는다. 그것은 수치심에서 해방되는 과정의 시작이다. 많은 사람이 그런 과정을 통해 고통스러웠던 과거의 경험을 폐기한다.

"나는 엄마가 우리 집에 올 때, 몇 시에 도착하고 몇 시에 떠날지에 대해 의논할 수 있게 되었어요. 엄마에게 솔직한 마음을 이야기할 수 있는 게 정말 좋았어요. '엄마, 내가 사람들과 함께 있는 걸 정말 좋아하지만, 시간적인 한계가 있다는 걸 엄마도 알죠? 나는 오랫동안 사람들과 함께 있으면 너무 피곤해서 견디기 힘들어요'라고 솔직하게 말했어요.

처음에 엄마는 내가 변한 것 같다면서 서운해하셨어요. 저도 그런 엄마 때문에 마음이 편하지 않았어요. 하지만 시간이 흐른 지금 이런 방식에 익숙해지셨어요. 그리고 나도 엄마가 오는 날을 진심으로 기다리게 되었죠. 엄마

가 오래 머무르지 않는다는 걸 아니까, 엄마와 훨씬 더
편한 시간을 보낼 수 있어요."

-잉어, 50세

7장

불안과
두려움

두려움은 자연스러운 감정이다 ⎯⎯⎯⎯

남들보다 민감한 사람들은 불안증과 우울증에 취약하다. 그러나 그것이 기질적인 특징은 아니다. 안전하고 지지를 받는 환경에서 자라지 못할 때, 민감한 성향의 소유자는 불안증과 우울증에 취약해진다. 특별히 민감한 아이들은 작은 문제만 있어도 자신의 환경을 불안정하게 느낀다. 평범한 아이들에게는 사소한 경험도 민감한 아이들에게는 치명적인 경험이 될 수 있다.

극도로 민감한 사람들 중에는 불안감에 시달리는 경우가 많다. 민감한 사람들은 상상력과 창의력이 풍부하고, 시각화시키는 능력이 뛰어나다. 우리는 좋은 일을 시각화하기도 하지만 부정적인 일을 상상하기도 한다. 이것은 어려운 일을 예측하고 대비하는 능력으로 사고나 실수를 피하는 긍정적인 측면이 있지만, 더불어 지나치게 걱정하고 불안해하는 부정적인 측면도 가지고 있다.

두려움은 인간의 자연스러운 감정이다. 간혹 두려움을 잘 느끼지 못하는 사람들도 있는데, 그런 사람들은 무모해서 자신을 위험에 빠뜨리기 쉽다.

부모들은 어린 자녀가 외국에 갔을 때 밤에 으슥한 거리에 나가면 위험하다는 것을 자각하기를 바랄 것이다. 민감한 젊은이들은 매우 조심스럽고 경계심이 강하기 때문에 위험에 빠지는 경우가 드물다. 그들은 마약을 하는 것 같은 위험한 행동에 호기심을 느끼지 않는다. 운전을 할 때도 매우 조심스럽고, 운전 법규도 대체로 잘 지킨다. 그들은 법이나 규칙을 존중하고 잘 지키려고 한다.

두려움은 가벼운 불안감에서부터 극심한 공포감에 이르는 넓은 범위의 감정을 포함한다. 내담자들 중에 처음에는 '평소에 별로 불안한 감정을 느끼지 않는다'고 말하는 사람들이 있다. 그러나 내가 불안한 감정에 대해 설명하면, 그들도 정도의 차이는 있지만 자신이 불안감을 느끼고 있다는 것을 깨닫는다.

전혀 두려움을 느끼지 않는다고 주장하는 사람들은 실상을 왜곡하고 있는 것이다. 삶은 실제로 위험한 것이다. 언제 위험에 처할지, 언제 죽을지는 아무도 모른다. 인간은 모두 내일 어떤 일이 일어날지 알지 못한다. 오늘 선택한 것의 결과는 오랜 시간이 지나야 알 수 있다. 그러므로 어느 정도의 불확실성은 삶의 자연스러운 일부분으로 받아들여야 한다.

그러나 두려움과 불안감 때문에 일상생활의 방해를 받는다면 상담 치료를 받을 필요가 있다. 인지요법은 두려움의 강도를 줄여주고, 불안감을 처리하는 기술을 알려준다. 인지요법은 또한 우울증에도 도움을 줄 수 있다.

인지요법으로 문제를 완전히 해결할 수는 없다고 해도, 극도의 두려움과 불행한 감정으로부터 벗어나는 데는 도움이 될 것이다. 이것은 당신이 다른 방법으로 문제를 해결할 수 있도록 에너지를 회복시켜준다는 점에서 매우 중요하다.

불안감의 정도

공황 발작

호흡 곤란

흉부 압박감

떨림

땀

다리에 힘이 빠짐

현기증

음식을 삼킬 때 목이 아픔

초조함

긴장

걱정

마음이 안정되지 않음

불안

우울감은 잠을 자도 사라지지 않는다 ─────

　　우울증의 특징은 자기 자신과 미래에 대해 부정적인 생각을 하게 만드는 것이다. 부정적인 생각은 당신을 지치게 만들고, 피로는 부정적인 생각을 하게 만들어서 결국 악순환의 굴레에 갇히게 된다.

　　당신은 피로감을 덜 느끼는 일들을 함으로써 이런 악순환에서 벗어나려고 할 것이다. 우울증을 겪는 사람들은 대부분 침대에 누워서 휴식과 수면을 취하는 것으로 피로를 해결하려고 한다. 그러나 때로는 탈진 상태가 위장된 슬픔과 불행일 수도 있다는 걸 인식해야 한다. 잠은 불행한 기분을 없앨 수 없다. 기분이 저조한 상태에서 잠자리에 드는 것은 좋은 방법이 아니다. 잠을 자는 것보다는 성취감을 느낄 수 있는 일을 하는 게 우울한 감정을 떨쳐버리는 데 도움이 된다. 그러려면 지금 당장 당신을 편하게 하는 일보다 시간이 걸리더라도 성취감을 경험할 수 있는 일을 해야 한다.

　　침대에서 일어나 아침 식사를 준비하는 일처럼 사소

하지만 당신이 할 수 있는 일을 목표로 정하라. 아침 식사를 준비하면서 자기 자신에 대해 긍정적인 느낌을 갖게 될지도 모른다. 하고 싶은 일을 찾기 힘들어도 무슨 일이든 하려고 노력하는 태도가 중요하다.

과거에 즐겁게 했던 기억이 있는 일을 시도해보는 것도 좋은 방법이다. 그 일을 하는 동안 느꼈던 즐거운 기분을 다시 느낄 수 있을지도 모른다. 유쾌한 활동은 에너지 수준을 올려준다. 이 책 끝에 실려 있는 목록을 보면 그런 활동에 대한 영감을 얻는 데 도움이 될 것이다. 옌스의 전략을 시도해보는 것도 한 가지 방법이다.

"나는 기분이 정말 우울할 때 전에 적어두었던 할 일의 목록을 꺼냅니다. 그리고 오랫동안 목록에 남아 있던 일 중에서 해치워버릴 일을 고릅니다. 그 목록에 오래 남아 있다는 건 아마도 내가 하기 싫어하는 일이라는 걸 의미하겠죠. 하지만 그 일이 즐겁지 않은 일이라는 건 중요하지 않습니다. 이미 내 기분은 최악의 상태라서 더 이상 나빠질 것도 없으니까요. 예를 들어 배수관을 청소하는 일 같은 거죠. 그 일을 해치우고 나면 기분이 좀 나아진 걸 느껴요. 겨우 7~8분 정도밖에 안 될지 모르지만, 기분이 변했다는 것만으로도 약간의 희망이 생깁니다."

-옌스, 45세

생각은 감정을 불러일으킨다

생각과 감정은 상호 관계 속에서 반응한다. 우리는 자신의 감정을 직접 통제할 수 없다. 마음에 안 드는 크리스마스 선물을 받았을 때, 당신은 그 선물에 대해 기뻐하기로 결정할 수 없다. 단지 그 선물이 마음에 드는 척할 수 있을 뿐이다.

질투나 분노 같은 감정도 역시 마찬가지다. 그런 감정을 느끼지 않으면 좋겠지만, 그런 감정이 일어나는 것을 막을 수는 없다. 그러나 생각으로 어느 정도 감정을 통제하는 것은 가능하다. 당신은 자신이 느끼는 감정에 완전히 지배되어 무기력해지는 상태를 피할 수 있다. 감정을 직접 통제할 수는 없지만, 생각은 어느 정도 통제할 수 있다. 어디에 초점을 맞추고 주의를 집중할지 선택하는 것은 당신의 몫이기 때문이다.

한 가지 사건은 그것에 대해 어떤 생각을 하는가에 따라서 다른 많은 감정을 불러일으킨다. 예를 들어 길에서 동료를 만났는데, 그 동료가 당신에게 인사를 하지 않았다고 가정해보자. 당신은 이 상황에 대해 여러 가지 생각을 할 수 있다. 만일 '분명히 나한테 화를 내고 있는 거야'라고 생각한다면 매우 불안해질 것이다. 하지만 '자기가 대단한 존재라고 생각하나 보지? 어떻게 나한테 인사하지 않을 수 있어'라고 생각하면 화가 날 것이다. 그러나 '아마 나를 못 봤을 거야'라고 생각하면 중립적인 감정을 갖게 될 것이다. '시력이 굉장히 나쁜가 봐. 난 아직 안경을 안 써도 될 만큼 시력이 좋아서 다행이야'라고 생각한다면, 오히려 감사하는 마음이 들 것이다.

우울해지기 쉬운 성격을 가지고 있다면 지나치게 부정적인 생각에 빠질 가능성이 높다. 기분이 우울한 상태에서 동료를 만났는데 그가 인사하지 않는다면, 그 상황은 부정적인 생각과 감정의 연속적인 반응을 일으키게 된다. '왜 나를 싫어하는 걸까? 내가 지난 월요일에 지각을 해서 그런가? 다른 사람들은 모두 일을 잘 처리하는데, 나는 그 사람들과 다른 것 같아. 제대로 하는 일이 없어. 그 사람도 내게 문제가 있다고 생각할 거야.'

부정적인 생각에서 빠져나오기 힘들 때는 생각을 통제할 수 있도록 도움을 받는 게 좋다. 당신의 생각이 조종 불능 상태에 빠지기 전에 생각을 멈추는 방법을 배워야 한다.

부정적인 생각 중에는 자기 자신에게 던지는 질문이 많을 것이다. 끊임없이 '나는 뭐가 잘못된 걸까? 왜 나는 잡지에 나오는 사람들처럼 성공하지 못했을까'라고 묻는다면, 당신은 자신의 결점에 초점을 맞추게 된다. 만일 '노숙자로 거리에서 떠도는 신세가 되지 않은 것만 해도 다행이야'라고 생각한다면, 당신은 장점에 초점을 맞출 것이다. 또 '내가 자살하고 싶다는 생각을 하지 않는 이유가 무엇일까?'라고 묻는다면, 자신이 가지고 있는 가치에 초점을 맞추게 된다.

이것은 가능한 한 긍정적으로 생각하기 위해 노력하라는 의미가 아니다. 만일 지나치게 낙천적이고 남에게 속기 쉬운 성향을 가졌다면, 오히려 인생에서 많은 문제에 부딪치게 될 것이다. 내가 어떤 말을 해도 사람들이 재미있게 들어줄 거라고 믿는다면, 나는 상담과 강의를 위한 준비를 성실하게 하지 않을 것이다. 잘 준비되지 않은 강의는 당연히 지루해하고, 사람들은 흥미를 느끼지 못할 것이다.

최대한 현실을 직시하기 위해 노력해야 한다. 만일 자신의 상황을 너무 긍정적으로 생각하는 경향이 있다면, 장밋빛 안경을 깨끗하게 닦고 현실을 있는 그대로 보기 위해 노력해야 한다. 그리고 세상 속에서 자신이 가야 할 삶의 방향을 현명하게 설정하고 이끌어가야 한다. 반대로 부정적인 생각을 하는 성향이라면, 당신이 쓰고 있는 어두운 회색 안경을 밝은 색으로 바꿔 쓰고, 부정적인 굴절 없이 자신과 세상을 똑바로 봐야 한다. 그것은 기분을 밝게 변화시켜주고, 피로를 덜 느끼게 해줄 것이다.

당신이 매우 예민한 사람이라면 아마도 부정적인 생

각을 하는 성향을 가지고 있을 것이다. 그러므로 남들처럼 밝고 여유로운 사람이 될 수 있을 거라는 기대는 버리는 게 좋다. 항상 경계하고 주의하는 것이 본성의 일부분이기 때문이다. 그런 성향은 당신이 예기치 못했던 어려운 상황에 부딪쳐서 큰 고통을 당할 때, 현명한 안내자 역할을 한다. 당신의 민감한 신경 시스템은 다른 사람들의 신경 시스템보다 더 예민한 균형 감각을 가지고 있기 때문이다.

때로는 최악의 시나리오를 써라

아마 당신은 사람들에게서 지나치게 걱정하지 말고, 긴장을 풀라는 충고를 자주 들을 것이다. 민감하지 않은 사람들에게는 그런 조언이 도움을 줄 수도 있다. 그러나 민감한 신경 시스템을 가지고 있는 사람에게는 오히려 역효과를 가져오는 경우가 많다.

"제 아들은 태어날 때부터 심장병을 앓고 있어서 정기적으로 검진을 하러 가야 합니다. 저는 항상 최악의 상황에 대비해 마음의 준비를 합니다. 아들이 수술을 받아야 하는 상황이 올 수도 있으니까요. 몇 년 동안은 검진 결과가 좋게 나왔습니다. 사람들은 계속 걱정하는 저에게 최악의 시나리오는 생각하지 말고, 잘될 거라는 희망을 가지라고 말했죠. 저는 그들이 좋은 의도에서 그런 충고를 해준다는 걸 잘 알고 있었습니다.

검진을 받으러 가던 어느 날, 저는 그들이 충고한 것처럼 '모든 게 잘될 거야'라고 스스로 최면을 걸면서 병원 문을 들어섰습니다. 그러나 상황은 제 생각과 전혀 달랐습니다. 수술을 받아야 한다는 결과가 나온 겁니다.

너무 큰 충격에 온몸에 힘이 빠지고, 허탈감이 밀려왔습니다. 마치 머리가 몸의 다른 부분과 완전히 단절된 것처럼 아무 생각도 나지 않더군요. 겁에 질린 열두 살짜리 아들 때문에 겨우 정신을 차리고 집에 돌아왔지만, 눈앞이 캄캄하고 온몸이 산산조각 난 것 같았습니다. 다시 나 자신을 수습하기까지 꽤 오랜 시간이 걸렸습니다.

수술 날짜가 다가오자 내 목소리에 귀를 기울여야 한다는 생각이 들었습니다. 그리고 앞으로 벌어질 모든 상황에 대해, 아들이 죽을 수도 있는 최악의 상황에 대해 마음의 준비를 했습니다. 그래서 수술을 하는 동안 끝까지 아들의 곁을 지킬 수 있었습니다. 수술이 끝나고 아들의 산소 호흡기를 뗄 때 아이의 아빠는 차마 그 모습을 볼 수 없어서 병실을 나갔지만, 저는 모든 걸 지켜보며 아들 옆에 있을 수 있었습니다. 그건 제가 준비되어 있었기 때문입니다.

지금도 검진을 받으러 갈 때마다 최악의 상태를 생각하고 준비합니다. 가족들은 여전히 미리 걱정하지 말고 낙관적으로 생각하라고 충고하지만, 저는 제 자신의 목소리에 귀를 기울여야 한다는 걸 잘 압니다. 좋지 않은 결과가 나왔을 때 내가 얼마나 큰 충격을 받을지 알기 때문에 미리 마음의 준비를 하는 데 에너지를 쓰는 것이 현명하다고 생각합니다. 그리고 결과가 좋게 나왔을 때는 나 자신에게 진심으로 축하의 말을 건넵니다."

-루이스, 41세

당신이 민감한 신경 시스템을 가지고 있다면, 최악의
상황이 일어났을 때 받을 충격을 줄이기 위해 미리 시나
리오를 생각하고 대비하는 게 현명하다.

자신을 억지로 바꾸려 하지 마라

매우 민감한 여성이 낯선 사람들을 만나는 걸 피할
때, 그 여성은 그들을 두려워하는 것처럼 보일지도 모른
다. 대부분의 심리치료사들은 그녀에게 일정 기간 동안,
가능하면 하루에 몇 번씩 두려워하는 일에 부딪쳐보라고
충고한다. 그런 방법을 통해서 낯선 사람들을 더 편하게
대할 수 있게 될 거라고 생각하기 때문이다.

그녀의 민감한 성향을 잘 이해하지 못하는 심리치료
사는 낯선 사람이 많은 장소에 가서 일부러 그들과 부딪
쳐보라는 과제를 내준다. 그러나 그녀가 낯선 사람을 피
하는 이유는 그들이 두렵기 때문이 아니다. 자기 자신이
받을 과도한 자극으로부터 스스로를 보호하려는 심리가

그런 상황을 회피하는 태도로 나타나는 것이다. 억지로 낯선 사람들을 만나야 할 때 여자는 피곤을 느끼고, 평상시에 잘 작동하던 상황 인식 능력과 사회적인 기능을 발휘하지 못하게 된다. 결국 낯선 사람들과 편하게 교제하기 위해 시도한 노력은 역효과를 가져온다.

매우 민감한 사람들이 민감하지 않은 심리치료사에게 상담을 받는 경우, 부정적인 경험을 할 수 있다. 심리치료사들은 그들에게 대부분의 사람과 비슷해질 수 있는 방법을 찾으라고 권유한다. 그들은 "한계를 벗어나라", "위험을 두려워하지 말고 부딪쳐라", "더 자발적으로 행동하라", "너무 깊이 생각하지 말고 말하라"는 충고를 자주 듣게 된다.

한 민감한 남성은 직장의 구내식당에 가면 매우 불안하고 기분이 나빠진다고 호소했다. 그를 상담하는 심리치료사는 구내식당에 자주 가서 불안하게 만드는 요인에 자신을 더 많이 노출시키면 불안이 사라질 거라고 조언했다. 이런 방법은 극도로 민감하지 않은 사람들에게는 효과가 있을 수 있다. 그들은 그런 방법을 통해 긍정적인 경험을 하고, 그 상황에 대한 사고방식과 감정이 바뀔 수도 있다. 그러나 극도로 민감한 사람에게는 그렇게 간단한 문제가 아니다. 시끄럽고 혼잡한 구내식당에서 그는 안정감을 느끼지 못한다. 사람들이 나누는 대화도 전혀 흥미를 끌지 못한다.

민감한 사람들은 종종 그런 상황을 즐기지 못하고 대화에 참여하지 못하는 자신을 비난한다. 겉으로는 아무렇지 않은 척할 수 있지만, 마음속은 불안하고 초조하다. 그들은 공원이나 한적한 곳에서 혼자 점심을 먹는 것을 더 편하게 느낀다. 구내식당에서 다른 사람들과 함께 점심을 먹지 않고, 혼자 사무실에서 먹는 사람들도 있다. 그런 방법은 사교적인 면에서는 도움이 되지 않지만, 지나치게 스트레스를 받는 것보다는 일주일에 몇 번 혼자 점심을 먹는 것이 효과적인 해결책이 될 수 있다.

이러한 딜레마를 겪으면서도 어쩔 수 없이 동료들과 함께 점심을 먹어야 하는 상황이라면, 스트레스를 덜 받는 방법을 찾아야 할 것이다. 당신에게 잡담에 참여할 에너지가 부족하다는 사실을 인정하고 혼자 조용히 점심을 먹는 방법을 찾거나, 억지로 할 말을 찾기 힘들면 침묵을 인정하고 받아들여라. 그것만으로도 부족한 에너지를 아낄 수 있다.

무엇보다 중요한 것은 자신의 민감한 모습을 있는 그대로 받아들이고 사랑하는 것이다. 자기 자신에게 지나친 자극을 주지 않으면서 욕구를 충족시킬 수 있는 방법으로 상황을 조정해야 한다. 그런 방법에 익숙해지면 다른 많은 문제도 해결할 수 있다. 이전보다 더 편하게 사회생활을 할 수 있고, 더 많은 에너지를 가지고 있는 것처럼 느끼게 될 것이다.

트라우마가 원인일 수 있다

자기 자신이 남들보다 민감한 성향의 소유자라는 사실을 이해하고 받아들이는 것은 매우 중요하다. 그러나 자신을 그런 성향의 소유자로 규정할 때 유의해야 할 점이 있다. 민감한 신경 시스템을 갖게 된 다른 이유가 있을 수도 있다는 사실을 간과해서는 안 된다. 예를 들면, 예전에 트라우마*를 겪은 경험 때문에 심한 스트레스를 받았고, 그 결과로 민감한 사람들처럼 예민하고 불안한 성향을 갖게 됐을지도 모른다. 그런 경우 자신을 민감한 성향의 소유자로 규정한다면, 당신이 겪는 트라우마를 직시하고 해결하기 위해 필요한 도움을 받을 수 없다. 또 다른 정신적인 문제가 있을 때도 민감한 성향을 나타낼 수 있다. 민감한 성향의 소유자가 다른 정신적인 문제를 가지고 있다면, 반드시 적절한 치료를 받아야 한다.

슬픔의 감정을 인지하고 해결하지 않으면, 항상 불안에 쫓기고 작은 자극에도 쉽게 상처 받게 된다. 내가 상담했던 한 내담자(여기서는 '옌스'라고 부르기로 하자)는 아내가 외출할 때마다 심한 불안감을 느꼈다. 그는 자신의 문제를 '경계선 불안 장애' 같은 정신적인 질병으로 생각하고 인지행동 치료와 명상을 시도했지만 별다른 효과를 보지

---

* 외상 후 스트레스 장애(PTSD, Post Traumatic Stress Disorder)는 전쟁, 강간, 강도, 누군가의 죽음 같은 심각한 트라우마에 의해 생긴다. PTSD를 겪는 사람은 극도로 경계심이 강하고, 신경 시스템이 매우 민감하다. PTSD의 특징 중 하나는 플래시백(flashback), 즉 막고 통제하려고 노력해도 그 사람의 의식을 계속 침입하는 트라우마와 연결된 기억들이다. PTSD는 성공적으로 치료될 수 있기 때문에 적절한 도움을 받는 것이 중요하다.

못했다.

　나는 옌스를 상담하면서 그가 네 살 때 할머니가 돌아가셨다는 사실을 알게 되었다. 할머니의 죽음은 모든 사람이 겪는 평범한 일이기 때문에 옌스는 그 사건을 특별히 중요하게 생각하지 않았다고 한다. 그러나 더 많은 대화를 나누면서 옌스의 조부모님이 옌스와 그의 부모님과 함께 살았다는 걸 알게 되었다. 옌스의 어머니는 하루종일 직장에서 일하고 집에서도 늘 바빴기 때문에 옌스의 할머니가 주로 그를 돌봐주었다. 당연히 할머니는 옌스가 가장 큰 애착을 느끼는 어른이었다. 할머니가 돌아가셨을 때, 그의 가족들은 옌스를 걱정하고 보호하려는 마음에 장례식에 참석시키지 않았다. 아무도 옌스에게 무슨 일이 일어났는지 이야기해주지 않았다.

　나는 옌스에게 할머니에게 보내는 작별 편지를 쓰라고 권유했다. 편지를 쓰는 동안 그의 오래된 슬픔이 표면으로 떠올랐다. 옌스는 그 과정을 통해 슬픔의 감정을 해결하고, 이전보다 정신적으로 훨씬 더 편하고 강해진 걸 느꼈다고 말했다. 만일 옌스가 문제의 원인을 민감한 성향으로 규정하고 그런 방향에 초점을 맞췄다면, 해결되지 못한 슬픔의 감정을 치유할 수 없었을 것이다.

오래된 트라우마를 해결하면 정신적으로 더 강해지고 유연해지는 경험을 하게 된다. 나는 민감한 성향의 소유자들이 단지 자신의 욕구를 위해 삶을 조정하는 것에만 초점을 맞춰서는 안 된다고 말하고 싶다. 자신에게 어떤 트라우마가 있다면, 무엇보다 그것을 인식하는 게 중요하다. 트라우마는 심리치료를 통해 확실하게 파악하고 해결할 수 있는 정신적인 문제이기 때문이다.

이것은 이분법적인 문제가 아니다. 당신은 매우 민감한 성향을 가지고 있으면서 한편으로는 정신적인 문제를 가지고 있을 수 있다. 그럴 경우에는 정신적인 문제를 해결하기 위해 상담과 치료를 받으면서, 한편으로는 자신의 민감한 성향에 적응하도록 삶을 조정해야 한다.

8장

자기
자신으로
살아갈
용기

자신을 사랑하고 지지하라 _____

　남들보다 민감한 사람들은 심리치료를 통해 큰 효과를 보는 경우가 많다. 그들은 대부분 상담 시간마다 모든 과제를 성실하게 수행하고, 상담 내용을 진지하게 숙고한다. 심리치료사와 나눈 대화를 숙고하지 않는 내담자들은 상담 내용을 쉽게 잊어버리기 때문에 상담 간격을 더 짧게 해야 한다. 내 경험에 의하면 대부분의 민감한 내담자들은 상담 후 그 내용을 숙고하고 잘 기억하므로 간격을 짧게 할 필요가 없었다.

　민감한 내담자와 상담할 때 반대의 상황에 부딪치는 경우도 있다. 상담 과정이 너무 빨라서 내담자가 진행 속도를 따라가지 못하는 경우다. 그럴 때는 진행 속도를 늦춰야 한다. 필요할 때는 내담자가 한 말을 내가 다시 들려주는 방법을 사용하기도 한다. 내담자는 자신이 한 이야기를 내 입을 통해 들음으로써 새로운 각도로 자기 자신을 보게 된다. 단지 내담자와 함께 시간을 보내고 친절하게 주의를 기울이는 것만으로도 내담자가 스스로 문제를 깨닫고 해결하도록 동기를 부여할 수 있다.

나는 내담자와 상담을 시작하기 전에 앞으로 우리가 나눌 대화의 내용을 생각하고, 상담 목적을 분명하게 설정한다. 내담자가 매우 민감한 성향의 소유자일 때는 그런 준비를 하기 어려울 수도 있다. 때로는 상담이 진행되는 동안 내담자가 스스로 이전과 다른 차원에서 자기 자신을 직시하고 문제를 해결하기도 한다. 그럴 때는 내가 설정했던 목표가 쉽게 달성된다.

남들보다 민감한 사람들을 대상으로 하는 심리치료의 주요한 목적은 그들이 자기 자신을 더 사랑하고 지지하도록 돕는 것이다. 민감한 사람들은 낮은 자존감 때문에 고통스러워하고, 높은 기준을 세우는 것으로 낮은 자존감을 보상받으려는 악순환의 굴레에 갇혀 있다. 그들은 높은 기준을 세우기 때문에 반복적인 실패를 경험하고, 그것은 그들의 자아의식에 부정적인 영향을 미친다. 나는 그런 내담자들을 상담할 때 보통 그들의 개인적인 행동 규칙과 자아의식에 대해 대화를 나눈다.

나를 인정해주는 단 한 사람

당신이 극도로 민감한 사람이라면 주변에 있는 어떤 사람도 당신을 이해하지 못한다고 느낄 것이다. 사람들은 당신에게 남들과 더 비슷해질 수 있는 방법을 배워야 한다고 말한다. 그러나 그런 사람들과 부딪힐 때, 자기 자신의 판단을 지지하고 가치관을 고수해야 한다. 남들은 당신이 잘못된 방향으로 가고 있다고 생각할지 모르지만, 자신의 길을 가고 있다는 걸 인정하고 스스로에게 힘을 실어주어야 한다.

"내가 조부모님의 금혼식에 참석하지 않겠다고 말했을
때, 가족들은 모두 나를 비난했습니다. 하지만 나는 내가
사용할 수 있는 자원과 에너지에 한계가 있다는 걸 알아
요. 그래서 나 자신의 판단을 믿고 따르기로 했습니다."

-라스무스, 32세

모든 문제를 자기 자신을 전혀 인정하지 않는 방식
으로 해결하려는 사람들이 있다. 그들은 그것이 얼마나
큰 잘못인지 인식하지 못한다. 너무 오랫동안 그런 방식
으로 생각해왔기 때문에 다른 방식으로 접근할 수 있다
는 것조차 생각하지 못한다.

한 내담자는 초조하고 불안할 때마다 자기 자신에게
굉장히 화를 낸다는 것을 깨달았다. 그녀는 자신에게 "정
신 차려", "침착해"라는 말을 자주 한다고 말했다. 우리가
나눈 대화의 일부분을 소개한다.

나: 초조하고 불안해하는 사람이 당신이 아니라 여동생
이라고 생각해보세요. 동생에게도 그렇게 말할 건가요?

내담자: 아니요. 절대 그렇게 말하지 않을 겁니다.

나: 그럼 여동생에게 어떻게 말할 건가요?

내담자: (잠시 생각한 후에) 내가 도울 일이 없는지 묻겠죠.

나는 그 내담자에게 여동생이 불안해한다고 가정하고, 그녀에게 애정 어린 편지를 쓰라는 과제를 내주었다. 실제로 여동생에게 편지를 보내는 게 아니라 다음 상담 시간에 가지고 와서 편지를 읽는 과제였다.

당신이 자기 자신에게 부정적인 말을 하는 습관을 가지고 있다면, 그런 상황에 대비해서 어떤 행동을 해야 할지 생각해보는 게 좋다. 우선 당신에게 부정적인 말을 할 만한 상황을 상상해보라. 실수했을 때 당신은 자동적으로 자기 자신을 비난할 것이다. 그럴 때 자신을 외부의 시선으로 바라보고, 친절한 격려의 말을 하는 연습을 하라. 실수했을 때 읽을 수 있도록 자신에게 보내는 편지를 쓰는 것도 좋은 방법이다. 지갑이나 가방 속에 항상 편지를 가지고 다니다가 실수할 때마다 꺼내서 읽는 것이다. 그런 편지의 한 가지 예를 소개한다.

수지에게

너에게는 실수할 권리가 있어. 모든 사람이 가끔 실수를
해. 나는 네가 고의적으로 누군가를 괴롭히기 위해 실수
하지 않았다는 걸 알아. 그 실수 때문에 너를 괴롭힐 자
격을 가진 사람은 아무도 없어. 너는 평소에 무척 신중하
고, 남들을 행복하게 하기 위해 노력하는 사람이야. 나는
네가 최선을 다했다고 확신해. 그걸로 충분해, 수지야.
우리가 누군가에게 요구할 수 있는 건 그게 전부야. 네
어깨를 토닥여주고, 주의를 잠시 너의 내면으로 돌려봐.
그리고 너의 가치를 느껴봐.

-너의 수지로부터

수지는 이 편지를 큰 소리로 읽으면서 울기 시작했
다. 그녀는 자신이 이런 말을 얼마나 듣고 싶어 했는지 깨
달았다고 했다. 그녀는 이제 어린 시절에 받지 못했던 것
들을 자기 자신에게 주는 방법을 훈련하고 있다.

자신에게 친절하고 애정 어린 편지를 쓰는 일이 어
렵게 느껴진다면, 당신과 같은 상황에 있는 사랑하는 사

람에게 편지를 쓴다고 상상해보라. 그리고 편지를 쓴 다음 그 사람의 이름 대신 당신의 이름을 적어보라. 오래된 습관과 패턴을 바꾸려면 시간이 필요하다. 30년 동안 자기 자신에게 부정적인 말을 해온 사람이 하룻밤 사이에 그런 습관을 버릴 수는 없을 것이다. 그것은 많은 연습과 결단과 힘든 노력이 필요한 일이다. 그러나 시간이 지나면서 새로운 습관은 조금씩 더 강해지고, 오래된 습관은 시들어 사라질 것이고, 당신은 이전보다 많은 에너지를 얻게 될 것이다.

자기 자신에게 부정적인 말을 하는 것은 다른 사람이 그런 말을 할 때와 마찬가지로 당신의 신경을 피곤하고 지치게 만든다. 자기 자신을 지지하는 태도가 어떤 효과를 나타내는지 한 가지 예를 살펴보자.

"어느 날 밤, 여동생이 전화를 해서 내가 엄마에게 잘못했다면서 비난을 퍼부었습니다. 얼마 전에 그런 일이 있었다면, 나는 크게 실망하고 상처를 받아서 밤새 잠을 이루지 못했을 겁니다. 하지만 이번에는 나 자신에게 '안

나, 나는 네가 최선을 다했다는 걸 알아. 그러니 괜찮아'
라고 말했습니다. 그리고 나를 두 팔로 꼭 안아주고 잠이
들었습니다."

-안나, 49세

자기 자신을 지원하고 격려하는 방법을 배우면, 당신
은 자신의 노력을 인정하는 한 사람을 항상 곁에 두게 된
다. 당신의 노력이 대단하게 보이지 않을 때도, 당신은 자
신의 노력을 칭찬해주는 한 사람이 될 수 있다.

자기애가 필요하다 _____

자신에게 연민을 갖는 것을 나쁘게 생각하는 사람들
이 있다. 나는 내담자들에게 어린 시절을 회상하고 자신
의 모습을 탐색해보라고 한다. 그리고 "어린 시절의 당신
을 볼 때 어떤 느낌이 드나요?"라고 묻는다. 내담자들은
대부분 "내가 너무 불쌍하다는 생각이 들어요"라고 말하

고 나서는 황급히 "아니에요. 그런 말은 해서는 안 될 것 같아요"라고 덧붙인다. 그러나 자신의 어린 시절을 회상하고 슬픔을 느끼는 것은 긍정적인 반응이다. 그것은 자기 자신에 대한 사랑을 일깨우는 과정이기 때문이다. 심리치료사의 도움을 필요로 하는 사람들은 대부분 자기애가 부족하다.

어떤 사람에 대해서 느끼는 동정심이 건강하지 않은 감정일 수도 있다. 한 여성은 다른 사람들과 함께 있을 때 계속 불평과 한탄을 늘어놓는다. 그녀의 문제점은 자신에 대한 동정심이 너무 강하다는 것이다. 그녀는 자신을 진정으로 사랑하지 않기 때문에 스스로 불행하게 여기고 있다는 것을 모른다. 자신을 피해자로 만드는 전략 아래에는 격렬한 분노가 숨어 있을 수도 있다. 그리고 그 분노는 또 다른 깊은 슬픔의 감정을 덮고 있을지도 모른다. 그녀는 자신의 슬픔을 직시하고 내면을 정확하게 파악해야 한다. 자신을 이해하고 건강한 연민을 느낄 때, 그녀는 더 이상 불평을 반복하지 않게 될 것이다.

나는 내담자들에게 자주 자신을 안아주고, 어깨를 토

닦여주라는 주문을 한다. 대부분의 내담자는 그런 행동을
쑥스러워하면서도 자신이 애정 어린 손길을 얼마나 그리
워했는지 깨닫고 울음을 터뜨리기도 한다. 울고 나서 기
분이 상쾌해지고, 귀중한 깨달음을 얻었다고 고백하는 내
담자도 있다.

자기 연민은 부끄러운 게 아니다 ─────────

당신이 누군가에게 귀찮은 존재라고 느끼는 것은 괴
로운 일이다. 남들에게 방해가 되는 것을 금지하는 행동
규칙을 고수하거나, 남들과 함께 있을 때 유쾌한 존재가
되어야 한다는 높은 기준을 가지고 있다면 더더욱 그럴
것이다. 민감한 사람들은 다른 사람들에게 어떤 행동을
제한해달라고 요구하는 것을 매우 힘들어한다.

"나는 위층에 올라가서 소음을 줄여달라고 말하는 게 정
말 싫어요. 미소를 지으면서 공손하게 말해도 나를 굉장

히 괴팍한 사람으로 생각할 테니까요. 하지만 신경에 거슬리는 소리가 들리는 건 정말 참기 힘들어요. 하지만 다행히 걱정했던 것과는 달리 윗집 사람이 제 부탁을 흔쾌히 들어주었어요."

-헬르, 57세

자기 자신과 화해한다는 것은 때때로 내가 남들에게 성가신 존재가 될 수 있다는 사실을 인정하는 것이다. 남들보다 민감한 사람뿐만 아니라 평범한 사람도 일생 동안 자기 자신과 화해하면서 살아가야 한다. 이것은 모든 사람에게 주어진 과제다.

어릴 때 우리는 삶을 어떻게 펼쳐나갈 것인가에 대해 온갖 아이디어와 계획을 가지고 있었다. 그러나 성장하면서 삶이 얼마나 복잡하고, 자신이 얼마나 무기력한 존재인가를 깨닫는다. 그리고 바라던 것들을 어느 정도 포기해야 한다는 것을 알게 된다. 우리는 정말 잘하고 싶었지만, 꿈은 쉽게 좌절된다. 그럴 때 당신은 자기 자신에게 연민의 말을 건넬 수 있어야 한다. "나는 정말 더 잘하고 싶었어. 하지만 이렇게 되어버렸어. 그렇지만 이것도 괜찮아"라고. 이 말은 "나는 잘해왔어. 그러니 나를 여전히 좋아할 수 있어"라는 의미를 내포한다.

결함을 특별한 능력으로

자신이 남들보다 민감한 사람이라는 것을 인식하는 순간은 어떤 사람에게 인생의 중요한 분기점이 된다. 그는 비로소 자신이 남들과 다르다는 사실을 두려움 없이 수용할 수 있게 된다. 자신과 비슷한 경험을 하고 비슷한 딜레마로 고민하는 사람들을 만나는 것도 좋은 기회가될 수 있다.

나는 상담 치료를 하면서 자신에 대해 많은 것을 발견하고, 다른 참가자들에게 새로운 용기를 불어넣어주는 사람을 많이 본다. 진정한 자기 자신으로 살아가는 용기는 강한 전염성을 가지고 있기 때문이다.

"요즘 나는 좀 느리기는 하지만 내게 자연스럽게 느껴지는 페이스로 걷고 있어요. 지금까지는 편안하게 느껴지는 속도보다 훨씬 더 빨리 걸어야 한다고 재촉했어요. 하지만 이제 더 이상 그렇게 하지 않습니다. 목적지까지 도착하는 데 시간이 더 걸리더라도 내 몸은 그 속도를 기분 좋게 느끼니까요."

-리사, 30세

남들보다 민감한 성향은 궁극적으로 없애야 할 어떤 결점이 아니다. 당신이 남들보다 민감하다면, 자기 자신에게 쉴 수 있는 시간과 더 많은 관심과 돌봄을 제공해야 한다. 자신의 모습을 있는 그대로 받아들일수록 남들과 어울리기 위해 더 적은 에너지를 쓰게 되고, 그만큼 더 강한 사람이 될 수 있다.

남들보다 민감한 성향은 어떤 상황에서는 약점이 되지만, 어떤 상황에서는 오히려 더 우월한 능력을 발휘한다. 원숭이들을 대상으로 한 연구에서 더 반응성이 높은 원숭이들이 차분하지 않은 어미의 손에 길러지면, 자라서 잘 적응하지 못한다는 결과가 나왔다. 반대로 차분한 어미의 손에 길러지면 그 집단의 리더가 된다는 것도 증명되었다.

당신은 안정적이고 애정 어린 돌봄을 받지 못했던 어린 시절 때문에 성인이 된 지금 어려움을 겪고 있을지도 모른다. 그렇다고 해서 모든 것을 잃어버렸다고 생각할 필요는 없다. 오래된 상처는 치유될 수 있다. 당신이 어린 시절에 받지 못했던 사랑을 지금 당신 자신에게 주는 방법을 배우면 된다. 그러면 당신도 다른 사람들과 사랑을 주고받기 위해 필요한 조건을 충족시킬 수 있게 될 것이다.

특별한
재능을
가진
사람들

민감한 사람들에 대한 가설을 뒤집다 ———

신생아들도 감각적인 인풋에 각자 다른 방식으로 반응한다. 신생아들에게 빨대로 물을 마시게 하고 갑자기 물의 당도를 줄이면, 어떤 아기들은 그냥 순하게 물을 마시지만, 어떤 아기들은 매우 강한 반응을 보인다. 라 가스(La Gasse, 1989)는 2년 후 이 아기들이 어떻게 자랐는지 추적했다. 그 결과 강한 반응을 나타냈던 아기들이 다른 아기들보다 훨씬 더 수줍어하고 조심스러운 아기로 자란 것을 알 수 있었다.

미국의 임상 심리학자 제롬 케이건(Jerome Kagan, 2004)도 그의 저서 『기질의 긴 그림자(The Long Shadow of

Temperament)』에서 이 연구에 대해 언급하고 있다. 그는 이 책에서 유전과 기질에 관한 자신의 연구에 대해서도 설명한다. 제롬 케이건은 생후 4개월 된 500명의 영아들을 대상으로 한 연구에서 대략 다섯 명 중 한 아기가 다른 아기들과 다른 반응을 보인다는 것을 발견했다. 처음에 그는 이 아기들을 '내향적인 아기'로 표현했다. 그 아기들이 다른 아기들보다 더 경계심이 많고 조심스러웠기 때문이다. 그러나 나중에 그는 그 아기들을 '반응성이 높은 아기'로 바꿔서 표현했다.

케이건이 사용한 반응성이 매우 높다는 표현은 새로운 인풋과 변화에 노출되었을 때, 더 높은 정도의 각성이 감지된다는 것을 의미한다. 이 아기들에게 풍선이 터지는 모습, 낯선 색깔의 모빌, 그들을 보고 미소를 지으면서 보통 때와는 다르게 조용히 앉아 있는 엄마의 모습을 보여주자, 다섯 명 중 네 명의 아기는 차분하고 조용하게 있었지만, 한 아기는 팔을 흔들면서 우는 반응을 보였다. 제롬 케이건은 이 아기들이 2세, 4세, 7세, 11세가 되었을 때 어떻게 달라졌는지 계속 추적했다. 그 결과 모든 경우에서 반응성이 높은 아이들이 항상 새로운 인풋에 더 강한 반응을 보인다는 사실을 발견했다.

고반응성이라는 용어를 외향적으로 반응한다는 말과 혼동해서는 안 된다. 이것은 서로 매우 다른 의미를 갖는 말이다. 고반응성은 내면적인 각성과 효과를 가리킨다. 고반응적인 영아들은 뭔가 낯선 일이 주변에서 일어날 때 울면서 팔을 흔들어대는 강한 반응을 보인다. 그러나 그 아기들이 자라면서 내면적으로 경험하는 강한 반응이 외부적으로는 감지되지 않을 수도 있다. 그것은 낯선 사람들을 만났을 때 엄마나 아빠 뒤에 숨는 것 같은 수줍은 행동으로 나타날 수 있다. 울면서 팔을 흔들어대던 아기들이 시끄러운 십 대 청소년으로 자라는 경우는 극히 드물다. 그들은 자기 또래들보다 인생에 대해 더 깊이 사색하는, 조용하고 내성적인 청소년으로 자랄 가능성이 높다.

미국의 임상 심리학자 일레인 아론은 사람들에 대한 실제적인 관찰을 토대로 많은 연구를 했다. 그녀는 제롬 케이건이 고반응적이라고 분류한 아기들이 실제로 매우 민감한 아기들이라고 말한다. 그녀는 매우 민감한 성인들과 감각적인 인풋에 대한 그들의 반응을 fMRI(자기공명영상) 뇌 촬영 장치를 이용해서 연구했다. 그녀의 연구 결과는 2014년에 세계적인 과학 잡지《뇌와 행동(Brain and Behavior)》에 발표되었다.

그녀는 이 연구를 위해서 열여덟 명의 실험 대상자를 선정하고, 그들이 애인의 사진과 긍정적인, 부정적인, 또는 중립적인 표정을 한 낯선 사람들의 사진을 보고 있을 때 그들의 뇌를 촬영했다. 뇌 촬영 사진을 분석한 결과, 민감한 참가자로 분류된 실험 대상자들에게서 거울 신경 세포(mirror neuron)*를 포함한 감정 이입에 관련된 뇌의 영역이 다른 참가자들보다 훨씬 더 적극적인 반응을 보인다는 것이 밝혀졌다. 그들의 뇌는 애인의 사진, 특히 애인이 미소를 짓고 있는 사진을 볼 때 더 큰 반응을 나타냈다. 부정적인 표정을 짓고 있거나 긍정적인 표정을 짓고 있는 다른 사람들의 사진을 볼 때도 민감한 참가자들

---

* 거울 신경 세포는 1990년대에 발견되었다. 이 세포는 다른 사람들의 감정을 자신의 감정처럼 매우 정확하게 감지하고 반응할 수 있게 한다.

이 훨씬 더 큰 내면적인 반응을 보였다.

실험 대상자의 숫자가 제한적이기는 하지만, 이 연구는 우리에게 매우 중요한 사실을 시사한다. 이 연구 결과는 민감한 사람들에 대한 나의 경험과 일치한다. 민감한 사람들이 애인이 행복하게 웃고 있는 사진을 볼 때 가장 큰 반응을 보였다는 것은 나에게 무척 고무적인 결과였다. 그것은 민감한 사람들이 불안정하고 익숙하지 않은 상황에서만 반응을 보인다는 일반적인 가정을 반박하는 것이기 때문이다. 이 연구가 보여주는 것처럼 민감한 사람들은 실제로 긍정적인 경험에서 훨씬 더 강한 반응을 나타낸다.

다양한 특성의 혼합체

'매우 민감하다'라는 말은 과거에 불안해하거나, 수줍어하거나, 신경질적이라는 말로 표현되었던 성향을 새롭게 표현한 것이다. 내가 어렸을 때 이런 성향은 신경과 민이라는 말로 불렸다. 우리는 외향적이고 회복력이 강한 사람들을 조용하고 내향적이고 사색적인 사람들보다 더 건강하고 이상적인 인간형으로 생각하는 시대에 살고 있다. 사람들은 대체로 남들보다 민감한 사람들을 후자에 속하는 것으로 간주한다.

다음 글은 이러한 경향이 심리학의 영역 안에서 어떻게 나타나는가를 설명하고 있다.

다섯 가지 성격 유형은 성격 심리학 안에서 가장 널리 통용되는 모델이다. 성격 심리학에서는 사람의 성격을 신경증적 성격, 외향적 성격, 개방적인 성격, 쾌활한 성격, 주도면밀한 성격의 다섯 가지로 분류한다. 외향적인 성격은 따뜻함, 사회적인 참여, 지배, 적극성, 모험의 추구, 긍정적인 감정으로 표현된다. 반면에 내향적인 성격은 단지 외향성의 부족으로만 표현된다. 추측컨대 이러한 모델을 만드는 데 관여한 사람들 자신이 외향적이고 강인한 성격의 소유자였을 것이다. 이것은 풍부한 내면세계를 가지고 있고, 깊이 사색하는, 민감한 성향과 내향적인 성향의 전형적인 특징을 간과한 것이다.

남들보다 민감한 사람들 중에서 30퍼센트는 외향적인 성향을 가지고 있다. 그러나 외향적이면서 민감한 사람들도 내향성에 대한 설명 안에서 자신의 모습을 찾아볼 수 있다. 이것은 우리가 남들과 매우 다른 방식으로 사물을 표현하고 인식한다는 사실을 보여준다.

이런 모든 점을 고려해볼 때 내향적이고 남들보다 민감한 사람들이 낮은 자존감으로 고통 받는 것도 그리 놀라운 일은 아닐 것이다.

나는 이러한 성격 분류 체계의 틀을 대체할 수 있는 모델을 제공한 일레인 아론에게 깊은 감사를 드리고 싶다. 특정한 시대와 문화 속에서 사람들의 성격을 표현하고, 분류하고, 가치를 매기는 방식은 개개인에게 큰 영향을 미치기 때문이다.

그녀는 남들보다 민감한 사람들을 여러 가지 다양한 특성의 혼합체로 설명한다. 그들은 성실하고, 창의적이고, 직관적이고, 남의 영향을 받기 쉽고, 감정 이입 능력이 있고, 예민한 감각과 신경 시스템을 가지고 있다. 이러한 특징들은 그들의 삶에서 어려움을 가중시키지만, 한편으로는 창의성, 존재감, 공감 능력의 근원이 된다.

그녀는 또 민감하고 예민한 사람들이 자기 자신을 인식할 수 있는 성격 유형에 대해 설명하고 있다. 그 유형 속에서 우리는 자신에 대한 새로운 이야기를 발견한다. 그것은 우리가 뭔가 열등하고 잘못된 면을 가지고 있는 사람들이 아니라, 깊이 있는 즐거움을 경험하고 남들과 다른 재능을 가진 사람들의 그룹에 속한다는 이야기다.

기질과 환경 모두 중요하다

남들보다 민감한 특성에 대한 그녀의 설명은 급조된 것이 아니다. 그것은 그의 심리치료사로서의 오랜 경험과 수많은 인터뷰를 바탕으로 만들어진 것이다.

성격적인 특징과 관련해서 우리가 태어날 때부터 개인적인 차이를 가지고 있다는 것은 의문의 여지가 없는 사실이다. 오랜 세월에 걸친 수많은 연구가 이것을 확증하고 있다. 미네소타대학이 1979년부터 실시한 일란성 쌍둥이에 관한 몇 가지 연구를 참조하면, 타고난 성격이 환경과 양육 조건보다 더 큰 영향을 미친다는 것을 알 수 있다.

미국의 심리학자이자 교수인 스테판 제이 수오미 (Stephen J. Suomi)의 또 다른 연구는 원숭이의 자손들이 그들이 한 번도 만난 적이 없는 조상으로부터 물려받은 특징을 보이는 경우가 많다는 사실을 밝혀냈다.

지난 30년 동안 이루어진 연구를 보면, 유전적인 요인들이 이전에 가정했던 것보다 훨씬 큰 영향을 미친다는 것을 알 수 있다. 그러나 사회적인 요인과 환경 역시 여전히 인간의 발달에 중요한 역할을 한다. 민감한 성향을 가진 사람에게 환경과 양육 조건은 그러한 성향이 개인의 약점이 되느냐 자원이 되느냐를 결정하는 중요한 요인이 된다.

남들과 다르기 때문에 특별하다 _____

어떤 사람들은 태어날 때부터 민감한 성향을 가지고 있다. 이것은 의문의 여지가 없다. 좋은 환경에서는 민감한 성향이 큰 장점이 될 수 있다는 것 또한 분명하다. 그러나 인구 전체의 15~20퍼센트가 매우 민감한 성향을 가지고 있는가 하는 것은 확실히 단정 짓기 어렵다. 500명의 영아를 대상으로 한 제롬 케이건의 연구에서 대략 다섯 명 중 한 명이 다른 영아들보다 더 반응성이 높았다는 결론이 나온 것을 볼 때, 15~20퍼센트의 측정이 꽤 정확하다고 주장할 수 있다. 그러나 그것은 그렇게 간단한 문제가 아니다. 케이건이 모집한 실험 대상자는 대부분 고등 교육을 받은 중산층 여성의 아기들이었다. 그는 임신 중이나 출산 때 문제가 있었던 아기들은 제외시켰다. 무작위로 표본을 만들었다면, 결과가 달라졌을지도 모른다.

일레인 아론의 연구는 그녀가 만든 설문지를 수천 명의 북미인에게 나눠주고, 그들의 답변을 수집하는 방식으로 이루어졌다. 그 결과 그녀는 인구의 15~20퍼센트가 매우 민감한 성향을 가지고 있다는 결론을 내렸다. 그러나 문제는 그녀의 설문지가 자기 보고(self reporting)만을 토대로 했다는 것이다. 응답자들은 자신에 대한 인식을 토대로 설문지에 답변을 적었다.

여기서 참가자의 행동에 대한 객관적인 관찰이 없다는 점이 문제가 된다. 응답자의 가족들과 친구들에게는 그들의 행동에 대한 질문을 하지 않았다. 예를 들면, 그들에게는 응답자가 '양심적이고 타인에게 공감할 수 있는가?'라는 물음에 동의하는지 묻지 않았다. 어떤 사람들은 빨리 체크를 하고 나서 자기 자신에 대해 긍정적인 답변을 했다고 생각할 것이다. 또 어떤 사람들은 '내가 정말 양심적인가?'라는 질문을 앞에 놓고 의문을 느껴 확실한 선택을 하지 못했을 수도 있다. 그들은 그 순간 자신이 힘든 상황에 처한 사람에게 무감각했던 상황을 떠올릴 수도 있다. 그 결과 설문지의 답변이 실제와 다른 왜곡된 결과로 나타났을지도 모른다.

그녀는 북미인을 대상으로 실시한 인터뷰를 토대로

설문지를 만들었다. 이 설문지가 만일 미국인이 아닌 다른 나라 사람들에게는 보내졌다면, 다른 결과가 나왔을지도 모른다. 나는 덴마크의 여성들은 남들보다 민감한 성향을 매우 긍정적으로 받아들일 거라고 생각한다. 다섯 명 중 한 명 이상이 열두 개 이상의 질문에 '그렇다'라는 답변을 할 거라고 예상한다.*

나는 민감한 사람들을 대상으로 한 연구와 심리치료 사로서의 경험을 바탕으로 테스트를 개발했다. 2010년 이 테스트가 발표된 후 스칸디나비아 전역에서 많은 민감한 사람이 이 테스트를 사용했다.

그러나 이 테스트 역시 일레인 아론의 테스트와 마찬가지로 자기 자신에 대한 응답자의 생각과 진술에 전적으로 의존하고 있다는 점을 밝힌다. 언젠가는 자기 보고에 의존하지 않는 테스트가 나올 거라고 기대한다. 그 때 우리는 매우 민감한 사람들의 숫자가 현재 추정된 15~20퍼센트보다 더 높거나 더 낮다는 걸 알게 될지도

---

* 일레인 아론이 만든 설문지는 여러 가지 버전이 있다. 가장 잘 알려진 것은 그녀의 저서 『타인보다 더 민감한 사람』에 소개된 자가 테스트다. 이 테스트에는 스물세 개의 질문이 있는데, 열두 개 이상 '그렇다'라고 답하면 타인보다 민감한 사람(Highly sensitive people)에 속한다.

모른다. 그러나 나는 현재의 측정이 꽤 정확하다고 생각한다.

스위스의 심리학자이자 분석 심리학의 창시자인 융은 네 명 중 한 명이 내향적인 성격의 소유자이고, 내향성이 민감한 성격과 많은 유사성을 가지고 있다고 믿었다. 남들보다 민감한 사람들이 전체 인구에서 상대적으로 낮은 비율을 차지한다는 것은 분명한 사실이다. 그렇지 않다면 민감한 사람들이 자신이 남들과 다르다는 경험을 반복적으로 할 이유가 없다.

나는 일레인 아론의 스물세 가지 질문을 이용해서 스물네 명의 내담자들을 대상으로 연구를 실시했다. 이것은 내가 민감한 사람들의 상담자로 널리 알려지기 이전에 한 연구다. 이 연구를 통해서 나는 내담자들의 50퍼센트가 매우 민감한 성향을 가지고 있다는 걸 발견했다.

민감한 사람들이 일반적인 사람들보다 상담을 통해 도움을 얻으려는 욕구가 강한 이유로 다음과 같은 점을 생각해볼 수 있다.

⚕ 남들보다 민감한 사람들은 예민한 신경 시스템 때문에 일상생활에서 더 많은 어려움을 겪는다.

⚕ 남들보다 민감한 사람들은 강한 정신력과 외향적인 성격을 높이 평가하는 사회 속에서 스트레스를 받는다.

⚕ 남들보다 민감한 사람들은 어려움을 겪을 때 남들에게 숨기고 이야기하지 않는 경향이 있다. 한 가지 이유는 그들의 고통 한계점이 남들보다 낮기 때문이고, 또 다른 이유는 그들이 자신의 문제를 더 깊이 받아들이고 자신의 삶을 숙고하는 성향을 가지고 있기 때문이다.

자신이 남들보다 민감한 성향을 가지고 있다는 사실을 처음으로 인식한 사람들은 고개를 끄덕이기도 하고, 때로는 눈물을 흘리기도 한다. 그들 중 많은 사람이 정신적으로 고갈된 상태에서 나를 찾아왔다. 그들은 누군가가 그들에 대해 관심을 갖고 이해한다고 느낄 때 자기 자신을 더 깊이 바라볼 수 있었다. 그들은 자신이 결함과 문제를 가지고 있는 존재라는 사실을 받아들이는 것이 얼마나 고통스러운 일인지 알고 있었다. 그들은 일생의 대부분을 그런 고통과 더불어 살아왔다.

그러나 이제 그들은 자기 자신으로 당당하게 살아갈

수 있는 용기를 가지고 삶을 대면할 수 있다.

"나는 내게 심각한 문제가 있는 게 아니라 단지 남들보다 민감한 성격을 가지고 있을 뿐이라는 걸 인식했습니다. 그 후로는 점심시간에 동료들의 대화에 끼어들 수 있었습니다. 공동체의 일부가 된다는 게 얼마나 멋진 기분인지 경험했습니다."

–마야, 38세

민감한 사람들을 위한 상담 치료에 참가했던 사람들에게 어떤 점이 도움이 되었느냐고 물었을 때 반복적으로 들은 답변은, 자신이 문제가 있는 존재라는 생각에서 벗어나게 되었다는 것이었다. 그들은 항상 자신이 남들과 다르고 결함을 가진 존재라고 생각하며 살아왔다.

"나는 자살하고 싶은 충동을 느낀 적도 있었습니다. 나는 열등하고, 어느 곳에도 적응할 수 없는 존재라고 생각했죠. 그러나 내가 단지 남들보다 민감한 성격을 가지고 있을 뿐이라는 걸 알게 되자 나 자신을 인정하고 긍정적인 관점으로 보게 되었습니다. 그때가 내 삶의 모든 것이 바뀌기 시작한 순간이었습니다."

-도르스, 52세

남들보다 민감한 성향에 대해서 올바로 이해할 때, 우리는 정상적인 것이 무엇인가에 대한 인식의 범위를 확장하게 된다. 원기 왕성하고, 외향적이고, 에너지가 넘치고, 스트레스에 잘 대처하고, 개방된 사무실에서도 즐겁게 일할 수 있는 것만이 이상적인 존재 방식은 아니다.

같은 종 안에 두 가지 유형이 있다는 사실을 받아들일 때, 우리는 치열한 경쟁 속에 살아가는 자신의 자아에 대한 정체성을 발견할 수 있다. 또 남들보다 연약한 존재가 아니라 세상의 나머지 사람들이 필요로 하는 재능을 가진 존재라는 것을 알게 된다. 우리는 무능한 존재가 아니다. 종의 생존에 필수적인 자원을 가지고 있는 사람들이다.

자기 자신을 이런 시각으로 볼 때, 우리는 예민한 신

경 시스템을 훨씬 더 긍정적으로 수용할 수 있게 된다. 누군가가 공포 영화를 보러 가자고 하면 이전보다 쉽게 거절할 수 있을 것이다. 당신이 감당하기 어려운 당일치기 여행에 합류하라는 권유를 부드럽게 거절할 수도 있다. 그리고 파티에서 남들보다 일찍 나올 때도 이전보다 훨씬 더 편하게 느낄 것이다.

"이제 나는 내 아내가 왜 그런 행동을 하는지, 왜 내가 그렇게 생각하는지 이해할 수 있게 되었습니다. 내가 남들보다 유약하거나 이상한 게 아니라, 단지 남들보다 민감한 사람일 뿐이라는 걸 인식하자 놀랄 만큼 마음이 편해졌습니다. 올바른 틀 안에서 나 자신을 보게 되면서부터 자유로움을 느꼈습니다. 지금은 여러 가지 일에 참여하지 못해도 별로 죄책감을 느끼지 않습니다. 이제 나 자신의 세상을 훨씬 더 잘 항해할 수 있을 것 같습니다."

-리즈, 30세

이제 당신은 예전에 남몰래 하거나 핑계를 댔던 일

을 솔직하게 이야기할 수 있을 것이다. 많은 사람이 이것만으로도 큰 위안을 받는다. 극도로 민감한 사람뿐 아니라 가끔 예민한 감정을 느끼는 사람들도 자신의 예민한 성향을 자연스럽게 표출할 수 있을 것이다. 민감한 성향은 결함이 아니다. 그것은 오히려 당신의 인격을 풍성하게 만들어주는 특성이다.

"남들보다 민감한 성향에 대한 책을 읽으면서 다른 사람들은 할 수 있고, 내게 기대하는 일들을 왜 내가 할 수 없는지 이해했습니다. 그리고 더 이상 나 자신에 대해 남들과 스스로에게 변명하지 않게 되었습니다. 이제 나는 솔직하게 이야기할 수 있습니다. 과도한 자극을 받아서 휴식이 필요하다고요."

-수잔나, 35세

나는 오랫동안 심리치료사이자 신학자인 벤트 포크 (Bent Falk)의 강의를 들을 수 있는 기쁨을 누렸다. 그가 있었기에 내게 있는지조차 알지 못했던 여러 가지 일면을 발견할 수 있었다.

4장은 특별히 심리학자 닐스 호프마이어(Niels Hoffmeyer)와 게슈탈트 심리 분석 연구소(Institute for Gestalt Analysis)에서 영감을 받은 내용이다. 그곳은 내가 몇 년 동안 다양한 방식의 실험과 연구를 했던 곳이다.

1장의 일부에는 내게 심리학의 틀 안에서 연구하는 방식의 중요성과 인지 치료의 잠재력을 가르쳐 준 심리학자 피터 스토카드(Peter Storgård)에게서 영감을 받은 내용이 담겨 있다.

목사로서 심리치료사로서 내가 지금까지 해온 강의와 상담 치료에 참여해준 모든 '민감한 영혼의 소유자들'에게 감사한다. 그리고 특별히 이 책에서 자신의 이야기를 인용할 수 있도록 허락해준 내담자들에게 깊은 감사를 드린다.

외부의 자극은 줄이고
내면은 풍부하게

| 영감을 불어넣는 활동 |

- 책을 읽는다.
- 라디오를 듣는다.
- 영화관에 간다.
- 콘서트에 간다.
- 워크숍이나 강연에 참가한다.
- 지혜의 말을 읽고 묵상한다.

| 타인에게 긍정적 기운을 받는 활동 |

- 사람들과 메시지를 주고받거나, 내적인 경험이나 묵상한 내용을 나누거나, 대화 없이 조용한 시간을 함께 보낸다.
- 아이들과 함께 시간을 보낸다.

| 과도한 자극에서 벗어나는 활동 |

● **몸에 유익한 활동을 하라**

• 요가, 필라테스, 가벼운 운동을 한다.

• 수업에 참여할 에너지가 없으면 여러 가지 운동 프로그램
이 담긴 DVD를 사거나 도서관에서 빌린다. 강사에게 먼저
배우고 혼자 집에서 운동해도 좋다. 혼자 있고 싶을 때는 전
화기를 끄고, DVD를 켜고 프로그램에 집중한다.

• 달리기를 하거나, 자전거를 타거나, 에어로빅을 한다.

• 춤을 춘다. 민감한 사람들 중에는 집에서 음악을 틀어놓고
몸이 움직이는 대로 자유롭게 춤을 출 때 큰 즐거움을 느끼
는 사람이 있다. 춤은 좋은 운동이기도 하다.

• 목욕이나 족욕을 한다.

• 얼굴 마사지, 손 마사지, 발 마사지, 전신 마사지를 한다. 마
사지를 하는 동안 양초를 켜고 음악을 튼다. 여름에는 야외
에서 마사지를 즐긴다.

● **자연 속에서 시간을 보내라**

• 창틀이나 정원에 화초를 키우면서 자라는 모습을 지켜본다.

• 자신만의 나무와 꽃을 기른다.

• 정원을 가꾼다.

- 산책을 한다.
- 침낭과 매트를 가지고 자연으로 나가서 흐르는 물소리, 파도 소리, 새소리를 듣는다. 앉거나 누운 채 명상하거나 잠을 잔다(30분만 지나도 머리가 가벼워질 것이다).
- 야외에서 식사를 한다. 민감한 사람은 레스토랑이나 카페에서 음식을 먹는 것보다 음식을 사서 공원이나 벤치에 앉아서 먹는 게 좋다. 많은 사람이 붐비는 시끄러운 실내에 있는 것보다 훨씬 스트레스를 덜 받을 것이다.
- 해먹에 누워 하늘이나 나무 꼭대기를 바라본다.
- 우산을 들고 빗속을 걷는다. 우산 위에 떨어지는 빗방울 소리를 들으며, 비가 내릴 때 나는 짙은 자연의 냄새를 맡는다.

● **자신을 표현하라**
- 음악을 연주하거나 노래를 부른다.
- 책, 시, 편지, 일기를 쓴다.

● **창의적인 일을 하라**
- 꽃꽂이를 한다.
- 도자기를 만든다.
- 그림을 그린다.
- 조각 작품을 만든다.

● 감각을 즐겁게 하라

- 향기 나는 꽃이나 좋아하는 아로마 램프를 산다.
- 요리를 하고, 맛있는 음식을 먹는다.
- 그림을 감상한다.
- 음악, 새소리, 자연의 소리를 듣는다.
- 집 안을 깨끗하게 청소하고 테이블 위에 예쁜 테이블보를 깐다.
- 따뜻한 흙이나 모래 위를 맨발로 걷는다.
- 따뜻한 햇볕을 즐긴다.

● 영혼을 쉬게 하라

- 마음 챙김 명상이나 요가를 한다.
- 긴장을 풀어주는 운동을 한다.
- 묵상이나 몽상을 한다.
- 생각과 상상이 자유롭게 흘러가도록 둔다.
- 멋진 경치가 보이는 장소를 찾고, 그곳에 앉아 감상한다.
- 앉아서 불을 들여다본다. 활활 타오르는 통나무, 곁에서 그르렁거리는 고양이가 있으면 더 좋을 것이다.

● 동물과 함께 시간을 보내라

- 동물을 기른다.

- 고양이와 함께 논다.
- 어항 속에 있는 물고기를 바라본다.
- 새에게 모이를 준다.
- 개를 산책시킨다.

당신은 얼마나
민감한 사람인가?

※ 각각의 질문에 다섯 가지 답변이 있다. 0에서부터 4까지 점수를 매겨보자.

0: 이 질문은 나를 전혀 설명하지 않는다.
1: 이 질문은 나를 약간 설명한다.
2: 이 질문은 나를 어느 정도 설명한다.
3: 이 질문은 나를 아주 잘 설명한다.
4: 이 질문은 나를 완벽하게 설명한다.

1 나는 아름다운 음악을 들을 때 감동을 느낀다.

....

2 나는 미래에 잘못될 수 있는 일을 예측하고, 여러 가지 시나리오에
대비하는 데 다른 사람들보다 많은 에너지를 소비한다.

....

3 나는 새로운 가능성을 잘 볼 수 있다.

....

4 나는 쉽게 흥분하고, 좋은 아이디어를 많이 가지고 있다.

....

5 나는 삶 속에 우리가 보고 들을 수 있는 한계를 넘어서는 것이 존
재한다는 것을 안다.

....

6 나는 고통의 임계점이 낮다.

....

7 다른 사람들에게는 쉬워 보이는 일이 나에게는 매우 힘들다고 느
낄 때가 많다.

....

8 나는 하루 중 혼자 보낼 수 있는 시간이 꼭 필요하다.

9 나는 혼자 쉴 수 있는 시간 없이 두세 시간 이상 다른 사람들과 함께 보낼 때 자주 피로를 느낀다.

....

10 나는 갈등이 일어날 때 어디론가 숨고 싶은 충동을 느낀다.

....

11 누군가 화를 내면, 그것이 나를 향한 감정이 아니더라도 스트레스를 받는다.

....

12 다른 사람들의 고통이 나에게 많은 영향을 준다.

....

13 나는 갑작스러운 일이나 실수를 피하기 위해 최선을 다한다.

....

14 나는 창의적이다.

....

15 예술 작품은 때때로 나에게 깊은 즐거움을 준다.

....

16 나는 동시에 여러 가지 일을 할 때, 다른 사람들보다 인내심이 약하다고 느낀다. 예를 들면, 인터넷 검색을 하면서 대화에 참여할 때 스트레스를 받는다.

17 나는 놀이공원, 영화관, 마트, 야구장처럼 자극적인 장소를 좋아하지 않는다.

....

18 텔레비전에서 폭력적인 장면을 보면, 며칠 동안 그 영상이 나에게 영향을 준다.

....

19 나는 사물에 대해 생각하는 데 남들보다 많은 시간을 보낸다.

....

20 나는 동물이나 식물의 상태를 잘 파악한다.

....

21 나는 아름다운 자연에 둘러싸여 있을 때 강렬한 기쁨을 느낀다.

....

22 나는 예민한 안테나를 사용해서 남들의 감정을 쉽게 알아차린다.

....

23 나는 쉽게 죄책감을 느낀다.

....

24 내가 일하는 동안 남들이 지켜보고 있으면 스트레스를 받는다.

25 나는 진실을 판단할 수 있는 안목을 가지고 있어서, 다른 사람들의 속임수를 꿰뚫어 볼 때가 많다.

---

26 나는 자주 깜짝 놀란다.

---

27 나는 다른 사람들이 나와 함께 보내는 시간을 깊이 있게 즐기게 할 수 있다.

---

28 가끔 다른 사람들에게는 전혀 거슬리지 않는 소리가 내 신경을 극도로 자극할 때가 있다.

---

29 나는 매우 직관적이다.

---

30 나는 혼자 있는 시간을 즐길 수 있다.

---

31 나는 대부분 신중하다. 즉흥적이고 빠르게 행동하는 경우는 매우 드물다.

---

32 소음, 강한 냄새, 밝은 빛이 나에게 큰 영향을 준다.

33 나는 조용하고 평화로운 환경에서 휴식할 필요를 남들보다 더 강하게 느낀다.

....

34 나는 배가 고프거나 추위를 느낄 때 신경을 다른 곳으로 돌리기 힘들다.

....

35 나는 잘 운다.

....

36 나는 준비 없이 새로운 경험에 참가하는 것을 좋아한다.

....

37 나는 민첩하고 영리하게 일해서 바라던 목표를 달성할 때, 나 자신에게 만족감을 느낀다.

....

38 나는 사람들과 어울리는 것을 피곤하게 느끼지 않는다. 분위기가 좋은 모임에서는 혼자 시간을 갖거나 휴식을 취하지 않아도 온종일 즐겁게 지낼 수 있다.

....

39 나는 서바이벌 캠프를 좋아한다.

....

40 나는 압박감을 느끼며 일하는 것을 좋아한다.

41 나는 어떤 사람이 불행한 것은 그 사람 자신의 잘못 때문이라고 생각한다.

42 나는 항상 에너지가 넘친다. 주변에서 일어나는 일이 내 기분에 영향을 주지 않는다.

43 나는 파티에서 가장 늦게 떠나는 사람에 속한다.

44 나는 모든 일을 쉽게 생각하는 편이고, 지나치게 걱정하지 않는다.

45 나는 휴가 때 시골에 있는 별장에서 친구들과 주말을 보내는 것을 좋아한다. 혼자 휴식을 취하지 않아도 된다.

46 나는 친구들이 갑자기 찾아오는 것을 좋아한다.

47 나는 잠을 거의 자지 않아도 견딜 수 있다.

48 나는 폭죽 터뜨리는 것을 좋아한다.

01 ~ 35 합계

36 ~ 48 합계

1~35번까지는 그룹1에 속한다. 그룹1의 답변의 점수를 모두 더하라. 만일 모든 질문에 1이라고 답했다면, 합계는 35가 된다.

36~48번은 그룹2에 속한다. 그룹2의 답변의 점수를 모두 더하라. 만일 모든 질문에 2라고 답했다면, 합계는 26이 된다.

이제 그룹1의 합계에서 그룹2의 합계를 빼라. 위에서 든 예의 경우 총합계는 9가 된다. 마지막에 나온 점수는 당신이 얼마나 민감한가를 말해준다. 마이너스 52부터 140까지의 점수가 나오는데, 점수가 높을수록 당신은 더 민감한 사람이다. 60 이상이면 당신은 매우 민감한 사람일 가능성이 높다.

테스트 결과는 항상 신중하게 받아들여야 한다. 테스트 결과가 한 개인을 종합적으로 표현할 수는 없다. 포함되지 않은 요소들이 너무 많기 때문이다. 테스트하는 날 당신의 기분에 따라 결과가 달라지기도 한다. 이 결과를 자신의 민감성에 대한 대략적인 가이드라인으로 사용할 수는 있지만, 지나치게 의존해서는 안 된다.

Aron, Elaine: *The Highly Sensitive Child:* Helping our children thrive when the world overwhelms them. 2002, Broadway Books

Aron, Elaine: *The Highly Sensitive Person in Love:* Understanding and managing relationships when the world overwhelms you. 2001, Broadway Books

Aron, Elaine: *The Highly Sensitive Person's Workbook.* 2001, Broadway Books

Aron, Elaine: *The Highly Sensitive Person.* 1997, Broadway Books

Buber, Martin: *I and Thou.* 2010, Martino Fine Books

Cain, Susan: *Quiet - The Power of Introverts in a world that can't stop talking.* 2013, Penguin

Jaeger, Barrie: *Making Work Work for the Highly Sensitive Person.* 2004, McGraw-Hill books

Jung, C.G: *Vesuch Einer Darstellung Der Psychoanalytischen Theorie*. 1955, Rascher & Cie. AG., Zürich

Jung. C.G: *Psychological Types*. 1976, Princeton University Press

Kagan, Jerome & Snidman, Nancy: *The Long Shadow of Temperament*. 2004, Belknap Press, Harvard University Press

Laney, Marti Olsen: *The Introvert Advantage: How to Thrive in an Extrovert World*. 2002, Workman Publishing Company

Rosenberg, Marshall B.: *Non-violent Communication: A language of life*. 2003, Puddledancer Press

Yalom, Irvin D: *Existential Psychotherapy*. 1980, Basic Books

Zeff, Ted: *The Highly Sensitive Person's Survival Guide*. 2004, New Harbinger Publications

LaGasse, L., C. Gruber and L.P. Lipsitt. 1989. The infantile expression of avidity in relation to later assessments. University of Chicago Press

Kochanska, G., & Thompson, R.A. (1998). The Emergence and Development of Conscience in Toddlerhood and Early Childhood. In J. E. Grusec & L. Kuczynski (Eds.). Handbook and Parenting and the Transmission of Values. New York: Wiley

Suomi, S. J. (1987). Genetic and Maternal Contributions to Individual Differences in Rhesus Monkey Biobehavioral Development. In N.A. Krasnegor, E.M. Blass. M A. Hofer, & W.P. Smotherman (Eds.) perinatal Development: A Psychological perspektive. New York Akademic Press

Boyce, W.T., Chesny, M., Alkon, A., Tschann, J.M., Adams, S., Chestermann, B., Cohen, F., Kaiser, P., Folkmann, S., and Wara, D. (1995). Psychobiologic Reactivity to Stress and Childhood Respiratory Illness: Results of two prospective studies. Psychosomatic Medicine, 57

옮긴이 김유미

서강대학교 영어영문학과를 졸업하고, 현재 전문 번역가로 활동 중이다. 번역한 책으로는 『위대한 몽상가』 『프로작 네이션』 『행복한 라디오』 『오만과 편견』 『지식애』 『무엇으로 읽을 것인가』 『휴먼 3.0』 『애거서 크리스티 전집』 등이 있다.

남들보다 민감한 사람을 위한 섬세한 심리학

센서티브

초판 1쇄 발행 2017년 2월 9일
초판 32쇄 발행 2024년 9월 20일

지은이 일자 샌드
옮긴이 김유미
펴낸이 김선식

부사장 김은영
콘텐츠사업본부장 박현미
디자인 황정민 **책임마케터** 오서영
콘텐츠사업4팀장 임소연 **콘텐츠사업4팀** 황정민, 박윤아, 옥다애, 백지윤
마케팅본부장 권장규 **마케팅1팀** 박태준, 오서영, 문서희 **채널팀** 권오권
미디어홍보본부장 정명찬 **브랜드관리팀** 오수미, 김은지, 이소영, 서가을
뉴미디어팀 김민정, 이지은, 홍수경, 변승주
지식교양팀 이수인, 염아라, 석찬미, 김혜원, 박장미, 박주현
편집관리팀 조세현, 김호주, 백설희 **저작권팀** 이슬, 윤제희
재무관리팀 하미선, 윤이경, 김재경, 임혜정, 이슬기, 김주영, 오지수
인사총무팀 강미숙, 지석배, 김혜진, 황종원
제작관리팀 이소현, 김소영, 김진경, 최완규, 이지우, 박예찬
물류관리팀 김형기, 김선민, 주정훈, 김선진, 한유현, 전태연, 양문현, 이민운

펴낸곳 다산북스 **출판등록** 2005년 12월 23일 제313-2005-00277호
주소 경기도 파주시 회동길 490 3층
전화 02-702-1724 **팩스** 02-703-2219 **이메일** dasanbooks@dasanbooks.com
홈페이지 www.dasanbooks.com **블로그** blog.naver.com/dasan_books
종이 신승지류 **인쇄** 민언프린텍 **코팅 및 후가공** 평창피앤지 **제본** 국일문화사
ISBN 979-11-306-1109-9 (03180)

다산북스(DASANBOOKS)는 책에 관한 독자 여러분의 아이디어와 원고를 기쁜 마음으로 기다리고 있습니다.
출간을 원하는 분은 다산북스 홈페이지 '원고 투고' 항목에 출간 기획서와 원고 샘플 등을 보내주세요.
머뭇거리지 말고 문을 두드리세요.